好好跟孩子说话

潘苑丽　著

陪孩子度过叛逆期

中国致公出版社

图书在版编目（CIP）数据

好好跟孩子说话：陪孩子度过叛逆期 / 潘苑丽著
. -- 北京：中国致公出版社，2022
ISBN 978-7-5145-1982-2

Ⅰ. ①好… Ⅱ. ①潘… Ⅲ. ①家庭教育–语言艺术
Ⅳ. ① G78

中国版本图书馆 CIP 数据核字 (2022) 第 076228 号

好好跟孩子说话：陪孩子度过叛逆期 / 潘苑丽　著
HAOHAO GEN HAIZI SHUOHUA：PEI HAIZI DUGUO PANNI QI

出　　版	中国致公出版社	
	（北京市朝阳区八里庄西里 100 号住邦 2000 大厦 1 号楼西区 21 层）	
发　　行	中国致公出版社　（010-66121708）	
责任编辑	董　娟	
责任校对	魏志军	
封面设计	末末美书	
责任印制	冯蓓蓓	
印　　刷	三河市兴达印务有限公司	
版　　次	2022 年 12 月第 1 版	
印　　次	2022 年 12 月第 1 次印刷	
开　　本	710mm×1000mm　1/16	
印　　张	15	
字　　数	226 千字	
书　　号	ISBN 978-7-5145-1982-2	
定　　价	59.80 元	

目 录

第三章　叛逆不是孩子的错，智慧父母都会这样做

第四章　叛逆期亲子相处的秘诀，就是主动沟通

中篇　好好跟孩子说话，培养孩子多种能力

第五章　美好生活：跟孩子一起快乐成长

第六章　爱学乐学：引导孩子养成好的学习习惯

第七章　积极社交：协助孩子学会与人交往

下篇　父母不焦虑，孩子心理更健康

第八章　好心态：给孩子一颗强大的心

第九章　好性格：适度放手，塑造孩子好性格

前言

抚养孩子长大成人要经历一个漫长的过程，途中父母会遇到很多困难和障碍。在这重重障碍中，叛逆期就是路上的一座高山。

何谓叛逆期？我赞成网上的这个定义："青少年正处于心理的过渡期，其独立意识和自我意识日益增强，迫切希望摆脱成人（尤其是父母）的监护。他们反对父母把自己当成孩子，而以成人自居。为了表现自己的'非凡'，他们也就对任何事物都倾向于批判的态度。"

叛逆期，孩子都会有什么表现呢？不听话，学习没精神，做事不积极，回到家里拼命玩游戏，讲道理不管用、油盐不进，还有厌学逃学、成绩下滑、辍学在家、离家出走……这时候的孩子还没长大，觉得自己很有理，处处喜欢跟父母对着干，不服管，不听话，这些都是叛逆期的表现。

叛逆期是孩子从儿童时期走向青年时期的过渡时期，也就是从幼稚走向成熟的一个中间阶段，看看你家孩子有以下这些表现吗？

一、顶嘴

父母说的完全没道理，必须大声顶嘴；

父母说的有点道理，必须找没道理的部分顶嘴；

父母说的完全有道理，必须故意曲解父母的意思顶嘴。

总之，顶嘴不是目的，只是一个手段，用来表达"我有自己的想法"的意思。

二、吐槽

吐槽父母：唠叨，不理解我们孩子，过时，什么都不懂，out了……

吐槽老师：上课偶尔说错话，态度不好，布置的作业多……

吐槽电视剧：剧情狗血，人物造型雷人，画面不好看，配乐难听……

吐槽课外书：情节各种不合理，印刷各种不精美，还会发现错别字……

吐槽各种社会现象：司机和行人不遵守交通规则，小摊贩占道经营……

吐槽，只是想用批判的态度，表达我的"非凡"，并证明我已经像大人一样，有自己的"话语权"了。

三、喜欢说流行语

各种网络流行语过目不忘，信手拈来，在口语中运用自如。他们的口头语是："有个毛用啊？""我也是醉了""跪求""我的内心是崩溃的""城会玩""我保证不打死你""吓死宝宝了"……有时候说的父母根本听不懂，只好虚心向他们请教，或者事后去查百度。孩子们喜欢说网络流行语，是想要表达"我已经长大了，和社会接轨了"的意思。

四、宅

孩子小时候是妈妈的跟屁虫，去菜市场，去超市，去银行，去车站接人……不管妈妈去哪儿，他们都会如影随形。

到了叛逆期，孩子再也不愿意跟着妈妈去这儿去那儿了。

不愿和父母一起去小区散步，理由：无聊。

不肯陪妈妈去菜市场，理由：没意思。

拒绝去公园踏青、划船、放风筝，理由：幼稚。

不想跟妈妈去超市和商场，理由：不想去。

喜欢宅在家里，打打游戏看看书，甚至宁愿躺在床上、沙发上望着天花板发呆，也不愿随父母出门。

五、嫌唠叨

在所有可能引起孩子激烈对抗的行为里，"妈妈唠叨"绝对排在第一位。不重要的话，最好不要说；有点重要的话，说一遍就好了；很重要的话，可以说两遍；非常重要的话，最多说三遍。超过三遍，孩子必然暴跳如雷，反应激烈，不但不听，还一定要对着干。这时候的孩子认为，只有小孩才需要再三叮嘱，而他们已经"长大"了，自己知道该干什么，不需要反复提醒，再三唠叨。

六、烦躁

有时仅仅因为一件小事，他们就会情绪失控，歇斯底里地大发脾气。叛逆期的孩子缺乏理智，情绪波动比较大，情绪控制能力比较弱，就像心里住着一头熊，随时都有"熊熊怒火"在燃烧。

七、死要面子

在同龄人面前，面子比天大。为了面子，可以忍常人所不能忍。所以，如果父母敢拂了他们的面子，你就等着瞧吧！叛逆期的孩子，注重自己的形象，在乎别人的眼光，"死要面子活受罪"这种事情，绝对做得出来。

八、老爸！老妈！

不知道什么时候起，孩子再也不肯甜甜地叫父母"爸爸""妈妈"了，开口闭口都是"老爸""老妈"。有时候还是这样的声调："老——妈。"孩子的理论依据也许是这样的：妈妈比我大三十岁，这是固定不变的，所以妈妈老了，我就大了……

九、迁怒

孩子容易被新闻或者故事里的父母虐待孩子、忽视孩子的情节煽动，产生同理心，随之迁怒于父母："你们大人就是这样……"然后，觉得委屈，进而生气，好半天不理父母。

以上就是孩子在叛逆期的表现，父母可以对比看看自己的孩子占了几条，有5条以上的表现时要及时和孩子进行沟通，调整好他们的心理状态，帮助他们从幼稚走向成熟。

　　孩子在挣扎着长大，需要他人对自己的认同；他们的自我观念正在形成，思想的形成阶段，最容易受影响。所以，面对孩子的叛逆，父母要认清事实的真相，并不是谁叛逆了谁，顶多只是一个倔强的孩子正悄悄地"离开"父母而已。

　　父母可以感到痛苦，但完全没必要愤怒。如果他们走向正确的方向，父母就该以生命传递者的心情乐观其成；若他们误入堕落的深渊，父母就该立即赶过去，把他们拉出来。

上篇

做智慧父母，
探究孩子叛逆期的奥秘

第一章

从心理学入手，
找到叛逆滋生的土壤

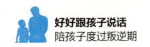
叛逆期是孩子生长发育的必经阶段

　　进入叛逆期的孩子，容易出现较大的情绪波动，遇到事情时容易暴躁，有的孩子甚至还会离家出走、自残。亲子之间难以进行顺畅的沟通，父母和孩子都会陷入痛苦和困惑中，甚至觉得疲惫不堪。其实，叛逆期是孩子成长的必经阶段，每个孩子都无法跳过。对于这一点，父母一定要正确面对。

　　一大早，周女士就在办公室里吐槽，说这个周末被儿子气得够呛。其实事情也不严重，就是孩子周末去上乐高课，下课时非要买一个玩具不可。

　　周女士苦口婆心跟儿子讲："你这一模一样的玩具我都能找出来三四个，没必要买那么多。"

　　儿子说："怎么没必要，你的那些盲盒娃娃为什么买这么多？"

　　周女士又好气又好笑："那我每个月也就买一次，你也是一样，这个月的额度你已经用完了。"

　　一看买玩具不成功，小家伙气呼呼地跺着脚说："用完了你就说用完了，说什么没必要。怎么就没必要？哼！"

　　周女士一看他没道理还发脾气，就说："我还没说你呢，刚刚老师在上课，你在旁边晃来晃去，根本没听，还跟我要玩具呢。"

　　结果小家伙来了一句："别说这个，这两件事有什么关系？你就说，为什么说我的玩具没必要买？"

周女士一口老血憋在胸口——这小子什么时候变得这么杠了？

看到一直都听话的孩子，突然喜欢跟自己对着干，变得异常叛逆，很多父母都大发感慨，甚至感觉有些力不从心。其实，处于"心理断乳期"的青少年，渴望被别人当作大人对待，这种心理需求得不到满足，他们就会变得气馁，继而心生叛逆。

这时候的孩子，想方设法摆脱父母的监护，确立自我意识；渴望得到别人的承认、理解和尊敬，获得自我认同感。

但是，叛逆期的孩子阅历不多、体验不够，还无法赢得外界的一致欣赏，自然也就无法获得稳固的自我认同感。为了引起别人的注意，他们就可能在内心的激烈冲突下做出一些相对不稳定甚至过激的事情；为了显示自己独特的个性，他们会言行古怪，甚至有些不通情理，让父母感到无招架之力。

其实，叛逆是孩子成长的必经阶段，只要了解了这一时期孩子的特点，父母就会轻松很多。

一、2~4岁，小鸡蛋也想碰块大石头

2~4岁的孩子，经常会出现不听话的现象，忽视父母的说法，你说你的，他做他的；有时父母看到孩子不理自己，情急之下，会吼两嗓子；有的父母性子比较急，看到孩子不听自己的指挥和命令，甚至还会给孩子几巴掌，打得孩子哇哇大哭；有的父母让孩子做某件事，如果孩子拒绝或坚持自己的想法，气急败坏的父母甚至还可能批评或干脆暴打一顿。这个年龄段的孩子就像裹着坚硬外壳的"鸡蛋"，任凭父母如何用力，鸡蛋都不会破。

这种现象的出现，通常有这样几个原因：

原因1：孩子想要表达自我。

2~4岁的孩子，已经不再咿咿呀呀，不会让大人不知所云，他们大致能表达自己的内心世界。这时候，他们已经具备一定的思维，会用自己的话来对自己看到的事物进行描述，即使有时会夸张一些，也依然会坚持向父母表达内心的想法和要

求。由于孩子掌握的词汇量少，难以将他们的所思所想都清晰地表达出来，而父母若缺乏耐心，不认真观察，不了解孩子的心理特点，就会错误地理解孩子的本意，南辕北辙，继而引起孩子的不满。

而有些自我意识比较强的父母，更不会任由孩子"不听话"。如果孩子不听自己的劝说，他们就会非打即骂，逼孩子就范。可是这时候，已经具备一定表达能力的孩子，不再愿意受父母的"摆布"了。

原因2：父母忽视了孩子的游戏心理。

2~4岁的孩子有着典型的游戏心理，父母不让他们去做的事情，他们反而觉得好玩。比如，父母觉得墙上的电源插头很危险，为了让孩子免受触电的危险，都会教育孩子不要碰。可是，这时候的孩子却是父母越提醒，他越关注，要么用手抠，要么用小棍捅。

原因3：孩子的思维都是单向的。

这个年龄段的孩子的思维都是单向的，不会转弯，想什么就是什么，无论父母如何劝阻，他们都会按照自己的想法去行事。面对孩子的这种不可逆转的想法，为了摆脱眼前的困境，有些父母只能冷处理或装看不到，或采用拖延的方法。比如，孩子走到楼下，发现把玩具落在家里了，你说"我们已经到楼下了，下次再拿吧"，孩子却偏让你上楼去拿，怎么办？再如，几个孩子一起玩，你家孩子护着自己的玩具，不让其他孩子玩，一旦他人动了，他就要争抢，场面无法控制。

自我表达，游戏心理，单向思维，就是这一时期的孩子的典型特征，而这些特征都是引发孩子叛逆的原因。因此，父母要冷静对待，不要跟孩子急，也不要太焦虑。

二、7~9岁：亲子之间矛盾不断

矛和盾是一组进攻和防御工具，如果父母是"矛"，孩子就是"盾"。孩子长到7~8岁时，父母就会为了改正孩子的坏毛病而想尽办法。

比如，孩子对学习不感兴趣，父母会想办法解决问题，先是说教，然后是批评，实在不行，就动用武力，强迫孩子去改变。

再如，有些孩子做事总是拖拉或磨蹭，不管父母如何催促，他依旧我行我素。

其次，有些孩子耐性较差，不管做什么，都坚持不了几分钟，不管父母如何鼓励，都会半途而废。

…………

当父母的"矛"遇到孩子叛逆时，可能也奈何不了孩子心理防御的"盾"。那么，究竟什么是孩子心理防御之"盾"？在孩子成长的过程中，思想会逐步走向独立，特别是7~9岁的孩子，已经具有强烈的独立意识，行为的独立便会逐渐表现出来。比如，放学路上和同学玩儿；周末，会急不可待地去楼下找小伙伴玩儿……

看到孩子只知道玩而不喜欢学习，父母看在眼里，急在心里，气在肺腑，便会阻止孩子，或者把孩子关在家里写作业，不允许随便出去，或者不允许看电视，或者不允许玩电脑……这样，孩子就会觉得自己没自由。孩子被父母严格督促，只能不情愿地待在家里，学习也流于形式，边写作业边玩儿，有时错误百出，字迹潦草。

三、12~16岁：孩子进入"第三反抗期"

12~16岁时，孩子正在经历青春期，更让父母感到头痛且无奈。在亲子的拉锯战中，孩子们迎来了自己的"第三反抗期"。处于青春期的孩子，通常都具有如下几个特点：

1.独立思考能力增强。青春期的孩子，已经具备独立思考和判断事物的能力，人生观和价值观等也已经初步形成，眼中的世界和父母的有着很大的区别。他们不喜欢父母的干涉，如果父母总是这样做，就会引发很多矛盾和冲突。

2.总是跟父母唱反调。这时候的孩子喜欢跟父母唱反调，你说东，他说西，父母感到异常恼火。即使父母劝孩子不要这样做，孩子也会不听，依旧我行我素。

3.彰显个性，喜欢追赶潮流。青春期的孩子，通常都喜欢追赶潮流，让父母难以接受。比如，孩子们喜欢玩手机和电脑，喜欢玩游戏，喜欢聊天，但父母却担心孩子沉迷于网络，耽误学习，结果越制止，越制止不住；越管，矛盾越突出。为了躲避父母的管束，孩子们还学会了反侦查，发明了"火星文"，父母更是无能为力。

4.孩子有了自己的小秘密。很多父母不知道孩子心里在想什么，因为大多数父

母与孩子的沟通产生了问题，甚至是障碍，孩子有什么话也不跟你说，这是很令人着急的事儿，于是很多父母便想方设法地窥探孩子的隐私。

5. 不想让父母插手自己喜欢的事。这个阶段的孩子一般都喜欢玩网络游戏，或热衷于网络小说，为了不让孩子沉迷其中，父母不是指责，就是干脆断网，这样做只能激起孩子的叛逆心。父母不了解孩子的个性化喜好，只关注孩子的学习和成绩，看到孩子不喜欢学习或成绩差，就不高兴，结果父母越反对，孩子越去做。

6. 养成不良的坏习惯。孩子学习兴趣不浓、成绩不理想，父母讲了很多道理，但毫无用处，孩子只知道玩儿，一点忧患意识都没有。结果，孩子不仅没有养成良好的学习习惯，反而变得越来越懒散。

我要对你说

　　"孩子突然像变了个人一样，真难管"，是很多父母对孩子叛逆期的共识。其实，这一切都是孩子叛逆期到来的表现，有人也将其称为"狂躁期""困难期"等。随着升学、人际关系等压力的增大，叛逆期孩子的心理会发生巨大变化，不进行适当引导，孩子很容易在认知、理解等方面产生障碍；如果再受到外界非正常因素的影响，更会激发他们潜意识的反抗，形成逆反心理。

叛逆心理是孩子思想不成熟的表现

叛逆期孩子的心理成熟度要落后于生理成熟度。他们缺少人生阅历，社会经验少，对事物的认知容易出现偏差，做事偏激、片面、固执，甚至极端化，还会把父母的劝说、提醒和督促当作对自己的不理解、不尊重，做出违背父母意愿的事……这些都是孩子思想不成熟的表现。孩子都是在不断犯错中长大的，父母千万不要因一时的生气而忽视了自己的责任，要冷静观察孩子的言行，耐心地应对他们的叛逆，多跟他们进行情感交流，引导他们渐渐领悟。

天气闷热，放暑假在家的初中生李婷在家里玩电脑。

看到女儿沉迷于电脑，爸爸生气地说："整天抱着电脑，你就没别的事可做吗？暑假作业写完了吗？"之后，爸爸就开始训斥李婷。

李婷虽然已经14岁了，但比较幼稚，受到爸爸的批评后，情绪异常激动，拉开门，下了楼，消失在了茫茫夜色中。

晚上11点，看到李婷还没回来，爸爸妈妈便开始找。结果亲戚、朋友、同学家都没有李婷的身影，家人立刻报了警。

案例中的李婷已经上了初中，但做事依然冲动和叛逆，为何会出现这种情况呢？其实，细细想来，不仅案例中的李婷如此，现实中很多孩子都如此。他们长了身体，心理发展却严重滞后于身体发育；他们娇生惯养，没有经历过挫折，受不得

半点委屈，心智不成熟。而这也是叛逆期孩子的显著特点。

　　李妮今年11岁，经常会做一些让父母特别生气的事情。可能是因为到了叛逆期的原因，她做事情时总是不会考虑到后果。妈妈非常着急，其实她从小就对李妮进行早教，想让李妮的发展比其他孩子早一步。

　　孩子从出生的那一刻开始，就成了全家宠爱的对象。父母都疼爱孩子，不管孩子要什么，都尽量满足，这种方式就是溺爱。孩子被溺爱，就会无法无天，为所欲为，甚至变得说一不二，喜欢跟父母对着干。任何年龄阶段的孩子都会如此，不管是十几岁的孩子，还是四五岁的孩子。

　　孩子生活比较优越，衣来伸手，饭来张口，没受过挫折，遭受一点挫折，就感到受不了，其实这也是孩子心理不成熟的表现之一。为了让孩子尽快成熟起来，不管在什么时候，无论做什么事，父母都要让孩子相信自己。

　　叛逆期的孩子对事物的认知还不够深刻，父母必须对他们进行正确引导。比如，孩子抽烟、喝酒、打架、欺凌别人等，不仅会伤害到孩子自己，甚至还可能毁掉一个家庭。因此，父母一定要重视这个问题。

　　心理学认为，成熟的心智，对孩子的一生都发挥着重要作用。因此，为了减少孩子的叛逆心，就要不断地磨炼他们的心智，让他们的心理和思想都日益变得成熟起来。

一、孩子不相信自己

　　现实中，叛逆期的很多孩子都不自信，举几个例子：

　　路上看见老师迎面走过来，立刻避开，不敢上前跟老师打招呼。

　　犯错了，父母问他应该怎么解决，他只会说"对不起"。

　　遇到不会的题目，不敢问老师和同学，只会猜题或乱写一通，甚至直接抄答案。

　　上课回答问题，即使题目很简单，也不愿意举手回答，怕说错了。

孩子不自信，是他们心智不成熟的表现之一。如果孩子做事缺少主动性和自发性，父母就要多给他们提供锻炼的机会，让他们从简单的小事做起，锻炼的次数多了，成功的机会也就大了，感受到成功的喜悦，孩子慢慢就能自信起来，对父母就能少一些叛逆。

二、孩子做事少了耐心

如今人们的生活水平大为提高，孩子们从小娇生惯养，父母总是习惯于包办孩子的事情。孩子做事情时就容易缺乏耐心，即使遇到很小的困难，也会立刻停止，或者注意力不集中，没办法顺利完成一件事。

孩子做事没耐心，也会让他们多了叛逆心。

1. 父母的强迫。任何人都不愿意在他人的逼迫下去做事，更不喜欢被迫去接受或得到某个东西，叛逆期的孩子同样如此。如果父母强迫他们去做某件事，他们很可能就会尖叫、骂人或打人。刚开始自己还会自责，可一旦养成了习惯，自责感就会消失，这时父母的劝导也就毫无意义了。

2. 孩子做事散漫。叛逆期的孩子做事注意力不集中，自由散漫；玩玩具时，总是看看这个拿拿那个；参加钢琴、美术、书法等课外辅导班，也无法坚持下去，总是三分钟的热度。

3. 孩子依赖性强。叛逆期的孩子依赖性强，意志薄弱，只要遇到一点困难，就会失去独自解决问题的信心，转而向他人求助。

三、孩子无法控制自己

叛逆期的孩子，做事会以自我为中心，遇到不顺心的事情时，即使听到他人的一句提醒，也会感到委屈；即使是同学间的一句玩笑话，也可能引起他们的强烈不满。因此，父母一定要告诉孩子：冲动是魔鬼，愤怒会让一个人失去理智、做傻事，强者都懂得自我控制。

社会快速发展，学习永无止境，考上大学后还要读研究生，甚至还要攀登更高的学术高峰。即使参加了工作，也需要自律才能做到终身学习。叛逆期的孩子，如果缺少父母的监督和管理，无法"自控"，就会放肆狂欢，甚至荒废学业。比如，孩子上大学后，长时间旷课玩游戏，考试门门不及格，很可能会被学校开除学籍。

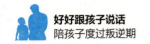
　　人生不是一场你追我赶走向目标的比赛，而是寻找自己、成为自己的旅程。父母们都希望孩子学到知识，更希望他们学会管理自己、管理自己的生活，因此在孩子步入社会之前，每一次自主选择都是锻炼"自控力"的机会；父母不放手，孩子就永远不可能学会自我控制；父母将控制权牢牢地抓在自己手里，并不能消解自己的焦虑，毕竟这是孩子的人生。

我要对你说

　　叛逆期的孩子自信心不足、心智不成熟，有的父母错误地认为，这是正常现象，等孩子长大了自然就好了。其实，一个人的心智成熟与否，与年龄的关系不大，主要与平时是否磨炼有关。因此，父母要重视对叛逆期孩子心智的培养。这是关乎孩子一生的大事，一定要高度重视起来。

家庭是孩子滋生叛逆心的温床

每个人都受原生家庭的影响，无论是学习、生活、工作，抑或是为人处世，都受原生家庭的影响。父母既要关注孩子的身体发育，又要关注孩子的心理发育；既要重视孩子的智力开发，又要关注孩子各方面能力的培养；既要教孩子学知识，又要教孩子学做人。

孩子的叛逆往往是原生家庭的衍生品，是父母的生活习惯、婚姻家庭、心理素质等因素造成的后果。

女儿晓苗已经上初三了，做作业非常拖拉，每天写不完，总是拖到第二天早上在车里写，分秒必争。

老师经常找晓苗妈投诉，弄得她焦头烂额。

妈妈也与晓苗进行了沟通，可是怎么说都不管用，打也打了，骂也骂了，道理讲了几箩筐，晓苗还是老样子，最近甚至还说不想去上学了……

在孩子成长的过程中，需要度过很多重要时期，每个时期都需要家长开动脑筋想办法，尤其是到了叛逆期，父母更会觉得困难多多。每个孩子处在叛逆期的具体表现都不同，如果孩子的叛逆表现得过于强烈，父母就要做出正确引导。

每个人都是家庭系统中的重要成员，无论哪个环节出了问题，首先暴露出来的

就是跟孩子相关的问题。但是，孩子的问题并不是孤立存在的，问题的背后通常都有一个问题家庭。因此，在解决孩子的问题时，要全方位地思考，先对家庭系统进行认真分析，再找到教育孩子的方法和技巧。

家庭是孩子成长的基本环境，父母采用不同的教育方式，孩子也会具备不同的心理品质与个性。家庭中的不良因素，比如，简单粗暴的教育方式、命令式的说教、专制式的压制、无休止的唠叨，对孩子的期望值太高、要求过严等，都会给孩子造成巨大的心理压力，时间长了，孩子就会产生极大的抵触情绪，进而产生叛逆心理。

孩子处于叛逆期时，父母要重新认识自己所扮演的角色，转变家教观念，关注孩子的心理，给孩子更多的关爱，努力和孩子建立平等尊重、悦纳、信赖的亲情关系；要转变孩子的成才观，引导孩子端正学习态度、改进学习方法，营造温馨的家庭学习氛围，让孩子在学习中感受快乐和喜悦；培养孩子健康的心理品质，比如抗挫折能力，能够战胜自我、懂得合理宣泄自己的不良情绪等。

一、父母的习惯性指责

孩子处于叛逆期时，对父母的依赖性会很强，父母都抱有一定的专制思想，对孩子的教育缺乏民主态度，认为孩子还不够成熟，要绝对服从自己，不能有自己的想法，否则就是"忤逆"或"对着干"，因此，孩子自然就不会将父母当成倾诉对象，更不会主动跟父母吐露心声。

数据显示，很多叛逆期的孩子做错事后，特别反感父母的指责，更抵触父母的盛气凌人和生硬态度。其实，父母都知道不能总是唠叨孩子，如果不是拿孩子没办法，谁想像唐僧一样整天在孩子耳边"念经"？跟孩子讲道理，他不想听，因此，为了让孩子接受自己的观点，只能每天重复同样的话。

　　马女士高中没毕业就辍学了，工作后吃了不少没文化的亏，所以对儿子东东的成绩特别在意。东东也争气，成绩稳定保持在年级前三名。谁知，小学六年级后，东东迷上了网络游戏，经常偷偷去网吧，成绩下跌了十多名。

拿着成绩单，马女士边哭边骂，足足持续了1个小时。东东也觉得很内疚，并保证以后绝对不玩游戏了。

又过了几天，马女士看到东东没写完作业就看电视，立刻火冒三丈，开始了轰炸式的说教，从上次考试失败的原因，说到今天让人失望的表现，又预测下次考试失败的场景。东东听完后，默默回自己房间写作业了。

后来一次家庭聚会，不知道谁问了一句什么，马女士又把东东上次没考好的事拿出来说，并让弟弟妹妹千万别学他。东东放下筷子就冲着她嚷道："妈，你有完没完，能不提这事了吗？唐僧都没你唠叨。"

从这个例子中，大家能得到什么体会？显然，这种教育方式，肯定是有问题的。

父母只顾表达不满，或评价对错，根本就没时间去思考该如何从根本上帮孩子纠正错误，最终只能以父母更生气、孩子更委屈告终。孩子之所以感到委屈，是因为父母唠叨的背后隐藏的是指责、批评、抱怨和否定。不要说叛逆期的孩子，即使是成年人，也不喜欢和一个总是否定自己的人沟通。

二、教育方式简单粗暴

有些父母缺少科学的心理学常识，在孩子教育上急于求成，方法简单粗暴，忽视了孩子的自尊心和心理承受能力，孩子遇到问题或犯了错误，不会跟孩子一起分析，商量补救办法，而是责骂甚至殴打孩子。孩子感到不被尊重，自然就会产生叛逆心理。

网络上，曾出现过"17岁男孩跳桥身亡"的事件，事件经过如下：

男孩在学校和同学发生冲突，被老师通知叫家长。妈妈接到老师的电话后，立刻开车到学校。

回家的路上，妈妈一边开车一边批评男孩，最后两人居然吵起来。可能是为了不影响开车，或者是为了平复心情，妈妈直接打开双闪，将车停

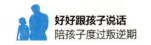

在了高架桥上，然后下车，对坐在车里的男孩大声训斥。

当妈妈再次回到车上后，男孩居然打开车门，冲到桥边，纵身一跳。妈妈发现了男孩的异样，立刻跑出去，想要制止，但没能抓住儿子的一片衣角。

妈妈后悔不迭，跪在地上，痛不欲生。等120赶来的时候，男孩已经失去生命体征。这一幕看哭了很多人。

从打开车门，到跳桥，整个过程最多5秒，如此决绝，毫不犹豫……悲剧就这样发生了，事情虽然已经过去，但该事件带给我们的思考却时时刻刻击打着我的心灵。作为家长，我们该如何与孩子相处？

心理学上有句话："能够征服世界的人，都能管控自己。"指责、羞辱、咄咄逼人、恶语相向，都是扣动情绪的扳机，把子弹射向自己最爱的人。选择正确的沟通方式，是为人父母的重要一课。叛逆期的孩子都有着极强的自尊心，他们渴望父母的肯定和理解，用语言来刺激孩子，他们内心的叛逆就会被瞬间点燃，做出一些极端行为。

有位心理学家说过："孩子十岁前，父母对孩子越简单粗暴；十四岁之后，孩子就会越叛逆。"原因何在？因为在十岁之前，孩子们都非常依赖父母，只要父母爱他们，他们就会感到满满的安全感，而父母直接告诉孩子"你再这样，我就不要你了"，孩子因为害怕，自然就会乖巧地听父母的话。

但是，这时候孩子的乖巧听话，甚至腻歪地叫你"爸爸"或"妈妈"，并不是为了表达对你的爱，而是在"讨好"你。现实中，缺乏安全感的孩子，更会如此。他们认为，只有这样做，父母才能接受自己。等到孩子十四岁以后，过去那些能够被父母随便唬住的孩子就会逐渐开始叛逆，而且父母之前的教育方式越粗暴，孩子就会越叛逆，安全感自然也就被吓没了。

三、亲子之间缺乏交流

随着孩子的成长，到了叛逆期，孩子的独立意识日益增强，喜欢用自己的方式来为人处世，不想受到太多的管束。而有些父母出于对孩子的保护，喜欢大包大揽。这样，孩子的渴望独立与父母不恰当的关心就会产生冲突或矛盾。

此外，有些父母平时工作太忙，几乎不会抽时间跟孩子谈心，更不会跟孩子进行思想交流，为了约束孩子的行为，只会给孩子定一些规则或规定，孩子被动接受，无法营造出一个和谐温馨的家庭氛围。

亲子之间缺乏沟通，不善表达，羞于说爱，孩子就容易产生叛逆心理和叛逆行为。

下面是这些家庭中最常见的对话：

片段1

孩子："爸，我考了98分。"

爸爸："别骄傲自满了，半罐水响叮当。"

片段2

孩子："妈，我画的这幅画好看吗？"

妈妈："彩笔哪来的？你钱多没地方花，是不是？"

片段3

孩子："妈……"

妈妈："这都什么时候了，你还有心思想这些。好好学习才是正事。"

孩子信任父母，渴望得到父母的理解，但每次只要一开口，得到的都是父母的评价、指责或被贴标签。父母似乎不关注孩子的内心感受，不理解孩子，甚至还会威胁、批评、嘲讽、否定、拒绝、比较……孩子被这些负面元素包围，时间长了，这些元素都会逐渐变成孩子心里的刺。

孩子不再对父母的安慰和帮助抱有希望，不再觉得父母是关注和尊重自己的，将来即使遇到相同的问题，也不会主动跟父母倾诉；失望多了，自然也就懒得张嘴了。

最易引发孩子叛逆的亲子沟通方式主要有：

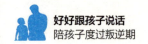
1. 父母情绪激动甚至失控，急着与孩子沟通。

2. 父母经常将工作或生活中的消极情绪转嫁到孩子身上。

3. 父母急着解决问题，让问题变得更严重，亲子关系紧张对立。

4. 父母只知道判断是非对错，或与孩子互相怪罪，不想办法解决问题。

5. 父母批评指责孩子，言语粗暴，甚至体罚，孩子毫无招架之力。

6. 父母总对孩子说"你真笨""你不好""你很傻""你真没用"等否定性话语。

> 我要对你说
>
> 　　身处恶劣的原生家庭，父母总是争吵和打闹，都会让孩子的安全感缺失。缺乏安全感的孩子，会变得自卑，缺乏自信心，怯懦怕事，不敢争取；长大后，还可能因为缺乏安全感而抑郁，悲观厌世。

孩子的叛逆与学校里的不良影响有关

学校是孩子们成长社会化的主要环境，在学校教育中，如果老师采用了不当的教育方式和方法，比如，给家长报喜不报忧，夸大成绩；挑剔孩子，不尊重孩子，不体谅孩子；忽视了孩子的主动性、参与性、思考性和合作性；不重视孩子的个体差异性等。孩子就会出现苦学、厌学、逃课等情况，继而发展成叛逆和对抗。

为了加强班级管理，为了督促学生认真学习，某初三班主任在班级中约定用"打手板"方式（最多5个）惩戒考试不及格的学生。

这次，一个学生在数学测试中考了10分，按约定需打5个手板，打了4个手板后，该同学转身离开。

班主任以"还差一个"为由制止他离开，学生不听，最终双方情绪失控，引发言语冲突并发生肢体冲突。

考虑到在教室里影响其他学生学习，班主任将这位学生带到办公室批评教育，双方再次情绪失控引发言语冲突，并发生激烈的肢体冲突。

处于叛逆期的孩子，通常都会认为自己已经长大了，他们有了自己的思想，有了属于自己的小秘密。其实，他们的心理并不成熟，对很多事情的看法都比较片面，甚至还有些极端。

教育家马卡连柯说过："得不到别人尊重的人，往往都有很强的自尊心。"其

实，叛逆期的孩子之所以会做出极端行为，并不是一时的冲动，而是不良情绪长时间积累的结果，是长时间压抑的爆发。原因之一，可能就是在学校得不到老师和同学的尊重，整个人处于一种抑郁状态。

"昔孟母，择邻处"告诉我们，学校的好坏确实能对孩子造成直接影响，只有好的校风，才有助于孩子的学习和进步。

"物以类聚，人以群分"，环境给孩子带来的影响不可轻视。在学校中，跟孩子接触时间最长的只有老师和同学，而好老师确实能改变孩子的一生。老师一般都关心学生的思想、学业和身体等状况，有明确的教育目的，熟悉教育内容，懂得教育活动的规律和方法，会引导学生按照规定的方向发展；反之，处理不当，学校教育也会对孩子造成伤害。

一、孩子不喜欢任课老师

在孩子的成长过程中，老师发挥着重要作用。老师不仅是孩子崇拜的对象，也是孩子们学习模仿的榜样，孩子不仅能从教师那里学习知识和为人处世的方法，还会模仿老师的言谈举止。

老师的思想、信念和价值观等会对孩子产生耳濡目染的影响；老师对孩子行为的赞赏或批评，还能对孩子的行为特征进行重塑，继而影响孩子的自我发展。

听听孩子的心声：

女儿："妈妈，我不喜欢新来的数学老师。"

妈妈："为什么？"

女儿："新来的数学老师太啰唆，而且很凶，每天都骂人，很讨厌。"

妈妈："严师出高徒嘛。老师这样做，也是为你们好。"

女儿："反正我就是不喜欢，妈妈，他不会一直教我吧。因为他，我越来越讨厌数学了。"

"妈妈（爸爸）我不喜欢某某老师"，相信很多父母对这句话都不会陌生。

在教育学生时，每个老师都会形成自己固有的习惯，虽然出发点都是好的，但老师如果用错了方式方法，孩子们就会产生逆反心理，具体表现之一就是，不喜欢某些老师。

其实，在这个问题上，老师和学生都没有错，尤其是中学阶段。这时候，多数孩子已经进入青春期，逆反心理严重，只要某个老师的教学方法让他们觉得不舒服，他们就会对这位老师产生不良情绪。尤其是临近中考或高考时，孩子压力巨大，更会对老师越来越"挑剔"，稍有不满就会表现出来。

生活中，因为讨厌某科老师而荒废一门课程的孩子有很多。尤其是处于叛逆期的孩子，他们本就叛逆，这方面的表现就会更加突出。

二、同学间的语言欺凌

刘涵因为腿伤，在家休息了一个星期，为了不耽误功课，看着儿子的腿没有大碍，妈妈就让他复课了，还借了个轮椅给他代步，班主任也很贴心地安排班里的同学帮刘涵推轮椅。

本来觉得这样就不会影响学习，可刚过了一天，刘涵就死活都不愿意带着轮椅去上学了。几经询问过后，妈妈才知道，原来是班里有同学嘲笑他，说他那么大了还坐婴儿车。刘涵虽然表面上没和同学发生冲突，但心里是很难受的，毕竟这个年龄的孩子自尊心都很强。妈妈见儿子这么伤心，也不好强迫他，就把轮椅换成了拐杖。

虽然刘涵的腿已经好得差不多了，但后面几天下来，妈妈还是发现儿子的脚踝有点红肿。她很心疼儿子，但想到自己不能替儿子疼痛，只能一个人躲在没人的地方偷偷流眼泪。妈妈心里很难受，便私下里给讽刺挖苦刘涵的同学的父母发了条微信，简单说明了情况，希望孩子们能和睦相处，不要出口伤人。同学父母也表示孩子太调皮，会让孩子给刘涵道歉的。但第二天，那位同学并没有给刘涵道歉，然后，这件事也就没有后续了。

比孩子被打更可怕的是校园欺凌。

学校也是一个小社会，孩子从进入学校的那一刻开始，就需要和各种各样的孩子打交道。不同的孩子家庭教育不同、性格不同、品性不同、为人处世的方式不同……往往有钱且胆小懦弱的孩子更容易成为被欺凌的对象。

孩子在学校被同学开玩笑、嘲笑、讽刺，甚至排挤，多数父母知道后，都会有这样的反应："哎呀，别人都是说着玩的，别太放在心上。人家又没打你。"在他们眼中，只有孩子被打才是校园欺凌。其实，还有一类常见的欺凌现象，那就是语言欺凌。这种校园欺凌，不容易被发现，但会对孩子造成巨大伤害。

"恶语伤人六月寒。"叛逆期的孩子心理还不成熟，人生观和价值观正在逐步形成，跟成人比起来，他们的心理更脆弱。同学的一个表情、一个眼神、一句无意的玩笑，都可能伤害到孩子心里最脆弱的地方。

三、受不良同学的影响

同学关系是影响孩子人格发展的一个重要因素。在学校，兴趣爱好相同、性格相近或互补的同学往往更容易形成一个非正式群体，相互影响、相互作用。目标一致、有理想的孩子往往会互相勉励、互相促进；即使是目标不明确的孩子，也有自己的一方小天地，比如喜欢玩乐、喜欢寻求学习之外的刺激等。如果身边的同学都比较叛逆，受其影响，孩子也会在言语和行为上表现出叛逆的特点。

小学时，形形一直都是父母和朋友眼里的好孩子，学习成绩不错，还很懂事，经常帮父母做家务，在班级里也是一位优秀的班长。可是，父母忙于生意，照顾形形的时间越来越少，形形上初中以后逐渐感到家庭温暖缺失。

每天早上形形睁开眼时，父母早已离开家去见客户了，晚上父母回来时已经是深夜。由于长时间没有家人的陪伴，加上初中生特有的青春期迷惘，形形过上了不一样的校园生活，认识了形形色色的朋友。

在朋友的影响下，形形觉得以前的自己毫无个性，除了每日枯燥的学习生活，丝毫感受不到生活的新奇感。于是，形形不再把重心放在学习上，而是拿出了更多的精力和朋友们一起玩耍。

有一次，彤彤和朋友一起翘课去校外打网游，被老师发现后通知了父母。父母以为她在学校是一门心思学习，哪知道她已经叛逆到了这种程度，于是他们放下手中的工作，轮流在家里照看。早已心猿意马的彤彤突然被父母看管，想着又要回归那种枯燥无味的生活，心里就像火烧一样。她表面上应付父母，趁父母不注意，就玩起了躲猫猫，在被子里藏游戏机，深夜起来打游戏，上课和同学传字条，还请同学帮忙写作业。

妈妈为此整夜失眠，孩子为什么会变成这样？如何让孩子走出叛逆期？

研究发现，同伴会对孩子造成最大、最直接的影响，且这种关系往往更频繁、更亲切、更认真、更多变。在与同伴交往的过程中，孩子不仅能够从同伴那里学习情感、态度和价值观，还能得到从成人那里得不到的信息。同学之间互帮互助，孩子则会学会各种交友方式，并逐步学会沟通、自卫和合作等技巧。

同学之间每天都见面，听同学说着各种新鲜事，被同学不断地喊出去玩，随时都可以接触，想要不被同学影响，孩子需要具备强大的意志力。孩子们之间互相影响，就会形成不同的社会行为认知、观点和态度。

我要对你说

孩子的心智还没有成熟，容易受到别人的干扰，与愿意且努力学习的学生在一起，自然有利于他们的成长。在管理严格、学风良好的学校里，孩子的学习欲望会更高，因为周边的同学都在努力，无形中也会带动自己勤奋向上。反之，混迹于一群不爱学习的孩子中，自己也会随波逐流。

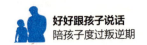
不良社交也会让孩子叛逆

交友不慎是很多孩子走上弯路的主要原因之一。特别是叛逆期的孩子，随着社会意识的逐渐增强，往往更渴望融入团体，更希望在与同伴的交往中实现自己的价值。初中是孩子交友的关键期。跟小学生比起来，处于叛逆期的初中生更易受到不良社交的影响。

一次偶然的机会，女孩洋洋下载了某交友软件，并在上面认识了成年人李某。李某自称与洋洋是同龄人，二人互加微信经常聊天。在聊天中，李某多次提出要与洋洋见面并以男女朋友关系交往，均被洋洋拒绝。

后来，洋洋经不住李某一再提出见面的要求，趁当天没有父母接送上补习班的时间与李某见面，直接上了李某的车，而李某直接把车开到某地下停车场，侵害了她。洋洋回家后情绪异常，母亲发现后，立刻报警。

在部分处于叛逆期的孩子心中，自己交的朋友越多，越证明自己有能力。因此，为了在别人面前展示自己的能力，很多孩子就会结交更多的同学，不管对方人品如何或者是怎样的人，都一律接纳。这种毫无选择的接纳，就容易将品行不好的人吸收进来，继而对自己造成负面影响。

糖糖是家中的独生子，因为自小成绩比较好，父母、亲戚和邻居都给他加上了定会光宗耀祖的光环。

由于学习一向不用父母操心，所以平时父母对他也比较放纵，即使有看见亲戚不主动打招呼等行为，他的父母也一笑而过。

进入初中之后，糖糖遇到了一位极其负责任的班主任，或许是因为老师的负责任，让他有了逃离这种束缚的冲动，又或者是因为父母的过分溺爱或者放纵，不知不觉间他结识了几个社会青年。

初中三年顺利地度过，糖糖得偿所愿考上了县城最好的高中。在他感觉永远逃离了初中班主任的掌控之后，高一开学的第一个晚自习就逃课了。他拿着父母给的生活费，跟几个社会青年在黑网吧玩游戏，七天后被父母找到，钱已经花光了，手机也不见了。

曾经别人口中成绩好的孩子，最终却成了别人教育孩子的反面教材。糖糖最终走向辍学，一方面是因为父母疏于管教，一方面则是因为他结交了社会青年。

叛逆期的孩子，一般都崇尚个性化，拒绝平庸，拒绝大众化，喜欢追求另类的穿着和打扮，似乎觉得越另类，自己的存在感就越强；为了给自己挣面子，为了表明自己混得好、人缘不错，他们就会主动结交社会青年。殊不知，结交社会青年无异于自毁前程。

同辈群体或相近群体的互相认同、相互影响，会对个人的成长发挥巨大作用，一旦某个孩子出现不良英雄观，比如喜欢出风头、喜欢跟家长唱反调等，都可能潜移默化地对其他孩子造成影响，继而生出叛逆心理。因此，父母要引导孩子正确认识社会现象，对言行的好坏认真分辨，让孩子们学会甄别和处理。

如果孩子们结交了社会青年或校外人士，父母要少些担心和恐慌，要用平常心做理性分析，有针对性地引导孩子正常交友，建设性地帮助孩子处理与他人的矛盾，以免孩子因一时冲动而伤人害己。

叛逆期孩子的择友能力与成年人不同，他们的是非观念还没有最终形成，无法正确判断交友对象的品质，父母不仅要为孩子制定合适的择友标准，还要主动跟

老师沟通，对孩子的交友状况多一些了解。那么，如何知道孩子结交了"坏"朋友呢？

孩子结交了社会青年，通常会表现出以下几个特征：学习活动减少，放弃学习；避开成年人的视线，做事偷偷摸摸；花钱增多，会涉及较大的开支；喜欢说脏话；社会语言增多，涉及的话题与自己的学生身份不符；喜欢隐瞒，不愿意准确告知具体的活动内容、时间和花费……

家长要认真观察孩子的状况，鼓励孩子多在班级内交朋友，尽量减少或避免与校内其他年级、别的学校的孩子或社会人员交往；引导他们树立正确的是非观和善恶观，增强对不良朋友的识别能力。

一、孩子与同学关系差

孩子与同学关系差，无法与同学友好相处，被同学排斥……是导致很多孩子选择结交社会不良人员的主要原因。

在学生时代，同伴关系是最重要的人际关系之一。学生时期的同伴关系，对于孩子的社会化起着成人无法取代的独特作用。所以，从情感需求角度来说，学生时代对同伴的需求甚至高于父母。孩子在学校不受欢迎，会变得沉默寡言、沮丧无助。其实，他们并不喜欢孤独，往往更渴望被他人喜欢和接纳。但如今很多孩子都是独生子女，可能有自己的个性，或者在家中被过度宠溺，他们身上都有一种娇气，甚至不可一世、唯我独尊，不具备谦逊的品质，与他人相处，容易出现分歧，但又得不到他人的理解，总认为自己是对的，最终就会出现矛盾或不和。

遇到事情或问题，他们只会吵架、冷战，激发矛盾，无法与人良好交往，因此只能结交一些社会青年。而父母只关心孩子的成绩，整天挂在嘴边的也只有学习，并不知道孩子与朋友闹矛盾了，更不会对孩子进行正确引导。

在学校，孩子们之间会产生矛盾，变得不和睦，或者打架、吵架等，没有相处得好的朋友。尤其是到了叛逆期，孩子们更会从对家庭的依赖走向独立成熟，变得不听话、叛逆、独来独往。

二、孩子与社会青年交友

在很多学校门口，总能看到一些身穿黑色衣服、将头发染色的人，即所谓的

"头"，这些人大多是社会青年。他们学历不高，没有工作，为了生存，经常会滋扰学生，比如上下学尾随学生、敲诈勒索学生等。虽然政府和学校都对这些人员进行了打击，为了保障学校周边的安全，采取了各种防范和保障措施，但也无法从根本上解决这些问题。对于这些社会青年，多数孩子都会敬而远之，但个别孩子跟同学发生矛盾后可能会向这类人员求助；一旦尝到甜头，甚至还可能成为其中一员。

叛逆期的孩子还没形成正确的价值观，是非观还有待完善，就会对这类人员盲目崇拜，对他们的言谈举止进行模仿，主动示好与之攀谈交友。当然，还有些孩子则是胆小怕事、长时间被父母忽视，为了减少自身危险，就会给这些人上交一点钱物。

孩子们在潜移默化中受到社会青年的影响，价值观和人生观就会发生扭曲，甚至被迫做出违法犯罪的事。

三、家人关系紧张，孩子向外界寻找温暖

父母和孩子沟通时，经常会出现这样一种情况：孩子想跟父母聊天，父母看到孩子当时的状态，可能会着急发脾气，同时还责怪孩子学习不努力。父母和孩子的沟通点不在一个层次上，一旦开始沟通，就会出现激烈的争执，孩子觉得父母不理解自己，父母则觉得孩子不懂自己的良苦用心，双方争执不休，让亲子关系变得越来越紧张。

孩子进入叛逆期，情绪多变，心思敏感，就像刺猬一样；他们觉得自己已经长大了，不喜欢听父母劝告。这时父母如果还用小时候的方法去教育他，只能引起他们的反感，继而产生叛逆情绪。

有的父母则不了解孩子，经常让孩子做他们不愿意做的事，孩子自然就容易反感；父母不过问孩子的想法，只是把自己的想法强加在孩子身上，孩子承受了太多的压力，不愿意跟父母说，父母和孩子之间不能正常沟通。

随着孩子逐渐长大，他们的自我意识日益增强，不愿再轻易被父母控制，因此亲子之间开始出现分歧、矛盾和争执，彼此之间的沟壑渐渐显露。孩子无法从父母这里得到爱和自由，父母控制太多或放任不管，亲子距离就会越来越大；父母不知道孩子心中所想，孩子觉得父母不爱自己，为了寻得更多的关爱，他们就会主动结

交社会青年，跟他们一起寻求刺激，感受成功的快乐，感受群体的温暖，即使这样的快乐和温暖都会对孩子造成伤害。

我要对你说

　　不良社交因素，会让孩子叛逆。如果你的孩子的社交圈出现了非常叛逆的孩子，孩子长时间与他交往相处，就会受到影响。孩子的模仿能力很强，如果对方喜欢玩游戏不爱学习，孩子跟他接触多了，就有可能对学习失去兴趣，误入歧途。俗话说，近朱者赤，近墨者黑。孩子选择社交圈时，父母既要鼓励和尊重，更要做好监督，让孩子选择干净的社交圈。

第二章

从需求出发，
找到孩子叛逆的心理原因

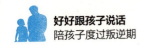

想要告诉父母：我已经长大了，我能行

孩子在挣扎中长大，需要父母认同自己，在这个过程中，他们的思想最容易受到影响。但现实中，很多父母总是渴望教育效果能够立竿见影，习惯使用绝对的压制手段，这样不仅会导致孩子叛逆，还将自己对孩子的影响力拱手让人，为其他不良影响提供了机会，孩子也在父母的不理解中跟父母渐行渐远。

外出游玩之前，大家都在家整装待发。因为急着赶车，妈妈匆忙给小雅拿出一件衬衫，往她脖子上套。

谁知，小雅忽然大哭起来："我不要——我不要——"

家人以为孩子耍赖："怎么回事啊你？越赶时间越磨蹭，快穿上！"

然而，事与愿违，别人越催，小雅越抗拒，一生气还把衣服扔掉了。

妈妈说："小雅，告诉妈妈，你为什么哭？你想怎么样？"

小雅哭着说："我不要穿这件！"

妈妈领着小雅来到衣柜前："那你自己说，你想穿哪件呢？"

小雅翻来翻去，随便拿出另外一件："我要穿这个！"妈妈答应了，小雅很快就破涕为笑。

案例中的孩子，是故意磨蹭、故意反抗、故意拒绝吗？非也。他们仅仅是不想服从大人的安排，想要自己做决定罢了！

叛逆，会给孩子带来一种"长大了"的兴奋感，这时候孩子们就会表现出一种强烈的自我表现欲。他们既不会听由父母发号施令，也不会永远跟在大人身后，更愿意在自我抉择中得到心理满足。这既不是执拗，也不是任性，而是孩子的独立宣言。

有一位母亲跟19岁的女儿说得最多的一句话，就是"我们是朋友"。她一直觉得女儿和她是平等的，她们相互信任，经常交流。有时候因意见分歧有所争执，若事后想想是自己不对，错误地批评了女儿，她便会主动向女儿承认错误。

女儿提出自己的要求时，她从不会不经思索地拒绝。即使是非常荒谬的要求，她也会在慎重考虑之后，把它"当作一回事"地给予响应与讨论，通过充分的论证让女儿了解她的看法。

不仅如此，这位母亲还会在很多事情上都征求女儿的意见，即使女儿提出的意见很糟糕，她也会认真倾听并与她讨论。即使是非常必要的要求，她也会用"我希望……"或"我建议……"，至少会在"形式上"给女儿留下自主的空间，让她去学习、思考和领悟，而不是生硬地将自己的想法强加在女儿身上。

叛逆期的孩子最喜欢用"我"这个词，因为他们的自我意识已经开始萌发，独立意识也迅速发展，个人能力也在日益增强。处于该时期，孩子说得最多的就是"不"，渴望自己能对周围的事物造成影响，更急于告诉别人："我已经长大了，我能行。"

随着孩子年龄的增长，父母都会发现这样一种现象，即孩子越来越叛逆，无论父母说什么，他们都有自己的一套理论，进行反驳。父母苦口相劝，他们却"左耳朵进，右耳朵出"，让父母感到毫无招架之力。

对于孩子来说，叛逆期是他们人生的必经过程，他们渴望被成人认同，希望通过叛逆的行为来证明自己。其实，孩子所有的叛逆都来自对束缚和限制的反抗，父母要引导孩子冷静思考，对自己的行为做出判断，明白何时应该表现自我、何时应该克制。

一、孩子需要自主权

孩子从四五年级起，解决问题的能力会越来越强，自我意识也会逐渐凸显，这时候其实他们就已经开始进入叛逆期了。这时的孩子厌烦父母的唠叨，更不喜欢父母总是讲大道理；父母则会觉得自己的阅历丰富，总想让孩子听自己的，想要指导孩子来处理问题。

抱着"我是为你好"的心理，想要当孩子的人生导师，总想在孩子的事情上指手画脚，很多父母不知道的是，叛逆期的孩子最希望得到父母的肯定，希望父母能看到自己的成长，知道自己已经有能力解决问题了；他们迫切地希望父母放手，渴望自主完成一些事情，并获得父母的认可和肯定。

在孩子看来，这是父母对他们能力的认可和信任，因此在叛逆期，父母要多给孩子一些自主权，让他们尝试自己解决问题。

二、孩子需要父母的信任

随着孩子的成长，他们会渐渐地意识到自己是一个独立的个体，对事物也会有自己的认识和见解。如果父母与孩子的观念不同，而他们又不愿接受，就会用消极的态度反抗父母提出的要求，这时他们在成人眼中就显得有些叛逆。

叛逆期是每个孩子都会经历的过程，也是孩子成长过程中内心最动荡的时期。小时候孩子被别人评价，到一定年龄后，他们就会形成对自己的评价。同时，他们也非常重视父母、老师和同伴的评价，之所以会做很多事情，多半都是为了获得父母、老师、同伴的认可和肯定，这也是孩子形成自我认知的过程，也能让孩子变得更加自信。

为了让孩子听从自己的观点和意见，很多父母都会采取"高压"的方式，结果却总是事与愿违。父母的选择和判断也有不理智的时候，不能一直以人生导师的角色来管教孩子，总是给孩子传递"你这样做，将来很可能会吃亏，对将来的发展不利"的信息，叛逆期的孩子就会认为：父母不相信我，其实我完全可以做出更好、更明智的选择。

父母的不信任，会让叛逆期的孩子对自己的能力产生怀疑，会觉得自己不具备解决问题的能力，不管什么事情，都做不好。他们无法接受这个认知，为了向父母证明自己，只能不断地尝试做一些事情。具体表现为：父母让我做这件事，我却不想做，只想做另外一件自己觉得不错的事情，证明给父母看，告诉父母我的判断是对的，我的选择是对的。

三、孩子渴望跟父母沟通

父母跟孩子沟通不畅，就容易发生争吵，要想相互了解，彼此之间就要好好坐下来详谈。同时，父母还要在孩子身上花更多的时间和精力，要将注意力集中在这些事情上，不能敷衍孩子的诉求，要让孩子感受到父母对他们的关心和爱护。

孩子的每个行为背后都有自己要达成的诉求，父母首先要知道孩子究竟想要什么。面对孩子时，父母要少一些内疚和焦虑，尝试着聆听孩子行为背后的声音。跟孩子沟通，父母首先要控制自己的情绪，然后尝试理解孩子的想法。同时，也要告诉孩子，你可以表达情绪，可以描述情绪。

父母要给孩子足够的尊重，认真倾听孩子的想法，并让孩子明白：不是我说这件事很重要就是很重要，你也可以表达自己的想法。父母可以试着问问孩子："这件事很重要吗？"如果他觉得不重要，就可以将重要性告诉他。父母要放弃高高在上的姿态，跟孩子平等地进行沟通。

处于叛逆期的孩子，通常会表现出强烈的自我意识，亲子之间相处时，不仅要多进行有效沟通，认真倾听孩子的诉求，还要给孩子提供一个独立的个人空间。

随着年龄的增长，孩子们对这种独立的心理需求会变得越来越强烈，父母管教得太严，孩子缺少自主权，就会出现更严重的叛逆行为，而这些行为的背后都是孩子要求独立的诉求。记住，孩子始终要长大，适当地放手，给孩子独立自由的空间，孩子才能走得更远。

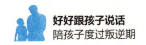
我要对你说

　　我们人生的前半部分都是由父母掌控着，父母的掌控力太强，会让孩子产生深深的窒息感。随着孩子人格的逐渐形成，他们就会用其他方式来逃避这种压制，想要摆脱控制。这时候的他们已经具备身体上的能力，个子比父母高，力量比父母大，唯独心智还不够成熟，为了证明自己已经成熟了，为了摆脱父母的掌控，会产生更多叛逆行为。

想要反抗父母，显示自己的做法或想法是正确的

叛逆期的孩子通常都非常在意自己的权利，会提一些大人的要求，被教育或被要求时，总会反抗和顶撞。他们为何会这样做呢？原因就是，想要告诉大人，我为什么不能？为何你们能这样想、这样做，我却不能？

小学阶段的敏敏是个德智体全面发展的好孩子，在班里还担任班长，深受老师和同学的喜欢。可是，在众人都羡慕她的时候，她的父母却离异了。

父母离异后，没过半年就各自组建了家庭，敏敏只能与奶奶一起生活。12岁那年，敏敏升入初中，随着学科的增多、作业量的增加，她感到压力很大，就逃课去网吧，认识了一些新朋友。有一天，奶奶看着她浓妆艳抹地出门，问她去干什么，她看了奶奶一眼，说："上学啊！"

奶奶说："上学？就你这样？将脸上的东西洗净，再去学校。"

敏敏"嗤"一声，什么也没说，拉拉书包带，扭头就走。

奶奶快走几步，拦住她："回去，洗脸！你不好好学习，以后怎么办？以后谁养你？"

敏敏从兜里掏出一百元，甩给奶奶："现在，我都能挣钱了！还用以后？"

奶奶意识到了问题的严重性，问："这钱是哪里来的？"

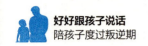
敏敏有些不耐烦了，顶撞道："我自己挣的，怎么了？"说完，便离开了。

奶奶立刻给敏敏爸打电话，讲述了敏敏的情况。

了解情况后，当天下午放学后，敏敏爸爸就来到了奶奶家。

看到女儿这个样子，爸爸有些心疼，劝她认真学习。敏敏却不屑一顾，说："你快别管我了！你现在的家，不要你照顾？你哪有精力管我！"

爸爸知道女儿在跟自己赌气，掏出一沓钱，递给她："这是给你的生活费，好好学习！以后再出去，你出去一次，我打你一次！"

敏敏乐了："打我！你打啊！早干吗了！我现在这样不是你们造成的？！"然后，一巴掌拍掉了爸爸手里的钱。

在这个案例中，表面上看，敏敏出现不当的言行在于缺乏父母的管教，其实根子还是在她已经到了叛逆期，想要反抗父母的管教。她觉得，父母都是错误的，自己是正确的。

叛逆期的孩子，已经具备了一定的成人思想和认识，为了向父母证明自己已经长大了，就会进行反抗，但很多父母并不这样认为。多数父母往往只看到孩子的反抗言行，无法看到孩子叛逆背后的痛苦。

其实，所谓的叛逆，多半都源于一种对束缚的反抗。现实中，很多父母都会强迫孩子听话，命令他们服从自己的指挥，如果孩子不按自己的要求去做，父母就会感到不满，甚至还会又打又骂，孩子不得不反抗，如果遇到暴力型的父母，他们更会针锋相对，"反抗"的状况也会愈演愈烈！

叛逆期是孩子从孩提时期到成年人这一历程中最艰难的阶段，他们的思想会一点点成熟，但更多的是迷茫，是对自我肯定的渴求。为了向成人展示"我的想法是正确的"，就会对父母的管教进行反抗；为了证明自己的见解和人生观是正确的，他们会怀疑或摒弃父母的意见，甚至还可能抗拒家庭固有的生活方式和传统。

那么，对于抱有这种心理的孩子，父母应该如何与他们相处呢？

一、引导孩子接触健康的人和事

联合国儿童基金会的青少年发展专家德瓦旭希·杜塔认为："青少年经常做与音乐、体育、美术等相关的事，这方面的神经连接就会持续生长；他们接触了较多的吸毒、打电子游戏、暴力等内容，相关的神经连接就会保留下来。"所以，为了让孩子健康成长，父母就要主动帮孩子清理掉负面的东西，让他们远离游戏、暴力等不良刺激，引导他们将自己的时间都花在特长以及体育、美术等爱好上，让孩子们保持积极向上的脑神经连接。

同时，为了让孩子更加健康、阳光、积极地成长，就要让他们多接触以下这些人：

1. 性格开朗的人。心态决定着命运，爱笑的孩子，运气一般都不会太差。同时，研究还发现：跟乐观、开朗、活泼的人交往，孩子们就能不自觉地受到他们情绪上的感染，经常跟阳光乐观的孩子一起玩，孩子也会变得更加积极向上。

2. 有共同志趣的人。随着孩子年龄的增长，阅历和见识也会不断增长。叛逆期，也是孩子形成正确的人生观、价值观的关键时期。这个阶段，父母要格外注意孩子的交友情况。这时候，孩子的自我意识已经完善，他们想要脱离父母的控制，为了不让孩子走偏，就要引导孩子结交一些有共同兴趣的朋友，保持三观一致，有共同话题，实现共同进步。

3. 有礼貌和有文化的人。与有文化的人在一起，身上的戾气就会减少，还能变得更有教养，不会变成"熊孩子"；跟有礼貌的人相处，孩子也能检查自己的行为，为人处世变得有礼节。

4. 情绪稳定的人。有些人情绪不稳定，说风就是雨，想一出是一出，这些都不利于孩子的健康成长，不要让孩子跟这种人结交；要让孩子主动结交能够控制自己的情绪、做事有分寸的人。

5. 正直且诚实的人。与人相交，关键在于人品。如果对方直来直去，没有多的小心机，可以鼓励孩子与他交往；如果对方说话拐弯抹角、内心灰暗，就要让孩子尽快远离。

二、尊重孩子的自尊心

托尔斯泰说过："幸福的家庭都是相似的，不幸的家庭各有各的不幸。"

有人曾做过这样一项调查，问孩子"最崇拜的人是谁？"结果显示，处于前三位的是父母。

这些孩子为何会拥有良好的亲子关系呢？根本原因就在于父母懂得尊重孩子。

伤害孩子的自尊心，是教育孩子的大忌。如果孩子不自重，没有尊严，人格备受践踏，就无法用正常的心态面对人与事，无法正确面对人生。

举个例子，周末有客人来访，如果你正在和孩子谈论某件事，不要因客人而放下孩子不管，而是告诉客人"我和孩子谈完就过来，您先坐"。

事实证明，只有具备强大的自尊心，孩子才能发愤图强，创造出更多的奇迹。因此，在生活中，要把孩子当成一个独立的个体，尊重孩子的人格，认真对待孩子，用心去感受孩子的诉求。

三、尊重孩子的个体差异

每个孩子都是独立的个性，每个孩子都有其存在的意义和价值，不要总是要求孩子和别人家的孩子一样。孩子和孩子之间本来就存在个体差异，但在现实中，并不是所有的父母都能尊重孩子的个体差异。如果父母能接受孩子的优缺点，孩子就能往自己喜欢的方向发展；如果父母心高气傲，总觉得自己的孩子万般不好，强迫孩子成为自己理想中的样子，不仅父母会感到痛苦，孩子也会感到异常不舒服。

在这个世界上，任何两片叶子都不是完全相同的，任何两个孩子也不是完全相同的。孩子各阶段的发展都不同步，有的阶段发展快，有的阶段发展慢，这些都是孩子各阶段发展过程中的正常现象。父母要尊重孩子的这一发展特点，对孩子进行观察，获得具体真实的信息。

为了了解叛逆期孩子的个体差异，父母就要细心观察、充分沟通，了解孩子的个性，认真倾听孩子的需求；孩子遇到困难或挫折时，要及时给予支持与鼓励，让孩子持续感受到父母对他们的爱。此外，每个孩子的家庭环境不同，个性也不完全相同：有的活泼开朗，有的内向文静，有的善于表达，有的沉默寡言……对于这种个体差异，父母必须予以尊重，然后有针对性地进行引导教育，帮助孩子们树立信心，让他们健康成长起来。

我要对你说

　　随着孩子自我意识的逐渐增强，他们渴望被尊重，渴望被平等对待，父母忽视了孩子的情感需求，单方面地对孩子发号施令和威压，孩子就只能选择两条路：一条是以对抗的方式来顶撞父母，和父母反着来，甚至出现更过激或具有攻击性的行为，成为一个标准的"叛逆"的孩子；一条是在孩子的心中埋下反抗的种子，在父母的打骂或贬低中成长，直到压抑的情绪爆发出来。这时候，父母最明智的做法就是，学会倾听，接收孩子的所思所想。

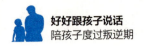
试探父母的底线，看看他们会如何反应

教育学家布卢姆说过："当一切条件具备，情感压榨是没有限度的。"如何理解这句话？

先来看看下面这种普遍行为：

> 果果爱吃糖，为了她的健康，妈妈规定她每天只能吃三颗糖。
>
> 这一天，果果吃完三颗糖之后，向妈妈请求："妈妈，我还想吃一颗。好不好？"
>
> 妈妈心软，又给了果果一颗糖。
>
> 没过一会儿，果果走过来说："妈妈，能不能奖励我一颗糖，我帮你打扫卫生。"
>
> 妈妈觉得还算合理，又给了果果一颗糖。
>
> 没过一会儿，果果又来了，以各种理由索要糖果。这个时候，妈妈意识到不对劲，拒绝给她糖吃。
>
> 结果，果果不高兴了。

孩子为什么会一次次地向父母索要糖果？显然，是试探。如果这样的试探没有遭到拒绝，孩子的试探行为就会持续发生。

叛逆期的孩子喜欢接触新事物，热衷于去网吧、游戏厅等。为了给自己找借口，他们就会不断试探父母的底线。

外出前，妈妈给凡凡抹防晒霜，凡凡不好好待着，拿着防晒霜的瓶子刺溜一下跑掉了。

妈妈喊："喂，去哪儿啊？赶紧擦好，我们就要出发了！"

凡凡不听，挤出一些防晒霜，抹在了镜子上。

妈妈立刻制止："啊呀，别乱抹，别浪费！"

凡凡得寸进尺，又挤出一些，抹在了门上、沙发上。

妈妈继续制止："怎么回事啊你？擦脸的东西擦哪儿了？"

凡凡激情满满，又挤出一些，居然抹在了电视机上。

妈妈很生气，后果很严重："凡凡！"

跟孩子斗智斗勇，无时无刻不在。

妈妈："凡凡，你来，告诉妈妈，防晒霜是干什么用的？"

凡凡不以为然："擦脸呗！"

妈妈："防晒霜，就是防晒的，你出门时，晒不晒啊？"

凡凡眯起眼睛看着天，好像很晒的样子："嗯，太晒了！"

妈妈："所以啊，擦上这个，咱们就不怕晒了。"

凡凡点点头。

妈妈："那你看这些镜子、门、沙发、电视机，它们怕晒吗？"

凡凡想了想："我觉得，应该不怕晒吧？"

妈妈："为什么呢？"

凡凡："因为它们没有出去，没有看到太阳。"

妈妈："哈哈，对！那咱们还是别给它们擦了，留着我们下次出去再擦。"

就这么一边说着，一边已经给凡凡擦好了。

叛逆期的孩子喜欢试探性地挑战父母的底线，看到父母很生气，他们就特别高

兴，然后通过语言和行动上的反抗来测试父母的耐心，想知道父母对他的顶撞做出何种反应。同时，也告诉大人："我已经不是小孩了。"遇到孩子的这种顶撞和反抗时，父母一定要明确地表明态度，不管是否允许，都要彻底执行。除了危险和有悖原则的事不能让孩子做主外，跟孩子有关的其他事情，都要多给孩子一些权利，让他们按照自己的意愿来行事。

无限制的爱，是情感压榨的必要条件。不管哪种情感关系，都需要保持平衡；一旦失衡，天平就会越来越倾斜，直到"翻车"。

一、给孩子爱，要有条件

心理学家特罗尼克做过一个著名实验，即"静止脸"，结果发现：一位妈妈和孩子进行正常互动，妈妈用夸张的表情和情绪来回应孩子，孩子的情绪变得高涨，愿意跟妈妈讲更多的内容。如果妈妈对孩子的互动不予回应，并用冷漠的脸对待孩子，孩子就会感到紧张，慢慢地，情绪就会变得失控，痛哭不止，坐立不安。

父母的"回应"对孩子的重要性由此可见一斑。

当然，这里所指的条件其实是一种回应，既是一种情感上的回应，也包括一种行为上的回应。孩子对父母表达爱，自然也希望获得父母爱的回应。举个简单的例子：孩子帮你收拾了碗筷，你至少应该说一句"谢谢"，或亲他一下，帮他倒一杯水……不管回应的方式和内容如何，都要做出回应。

二、坚持原则，少谈条件

之前刷到一个视频：

一名8岁男孩疑似摸了小姐姐的臀部，小姐姐感觉被侵犯了，就说了男孩几句。

男孩的妈妈听到别人攻击自己的儿子，立刻发飙了，说："碰到了就碰到了，你喊啥，一个8岁的孩子……"接着，就用手里的帽子砸向小姐姐。

被打的小姐姐全程没有还击，只是和他们讲理："你还好意思打人？"

男孩妈妈又要冲上去打人，被旁边的美女拉开了，她又骂："关你什么事？"

男孩妈妈的亲友一样不讲理，指责小姐姐有妄想症，"出口成脏"。

当着孩子的面，跟他人大打出手，辱骂他人，看起来是在保护孩子、爱孩子，其实，只会给孩子造成负面影响，让孩子觉得摸臀部没有错，打人是对的、骂人也不错。

父母保护孩子不受伤害，确实值得肯定，但纵容孩子犯错，就犯了致命的错误。8岁的孩子已经上小学了，不管是有意的触摸，还是无意的触碰，只要孩子做错了事，父母都应该让孩子主动跟对方道歉，教会孩子文明用语，不能像泼妇一样当众谩骂，否则即使赢了，也会输掉孩子的教养。

溺爱最明显的表现就是不讲原则、不讲底线、不讲规矩，一旦孩子发现父母对他的爱是无原则的，规矩也就成了摆设。要想约束孩子的行为，就要立规矩、设置框架和禁区，让孩子知道在某些问题上应该讲情感、讲原则；只要设定了规则，就不能感情用事而破坏规则。

三、让孩子明白付出和回报的关系

要让孩子知道，努力终会有回报。如何做到这一点呢？首先，父母就要狠下心，改掉孩子身上的一些坏毛病。

玉玉已经上小学了，由于从小被父母溺爱，养成衣来伸手饭来张口的坏毛病，跟父母要零花钱也是理直气壮的。

这天老师找到了玉玉的父母，将玉玉在学校的情况反映给了他们，父母才知道，原来玉玉在学校里非常自私，只知道一味地索取，却从来不懂得付出。

经过商量，父母决定对玉玉进行改造，首先改掉她的自私、喜欢不劳而获的坏习惯。

这天，爸爸严肃地告诉玉玉，以后她的零花钱要靠给父母打工赚取。

玉玉不满，大声哭闹，爸爸不为所动，给她安排了整理自己的房间、

打扫客厅之类的家务。

开始时，玉玉并不按照爸爸的安排去做，但是当她没有零花钱伸手索要时，果真遭到了父母的拒绝。

玉玉无奈，只好做起了父母交给她的任务，做完之后，玉玉得到了"劳动报酬"。

经过一段时间的"改造"，玉玉逐渐改掉了一些坏习惯。

这样做，不仅能改掉孩子懒惰的习惯，还能让孩子体会到"付出才有回报"。父母要通过自己的言传身教，让孩子明白这个道理，比如，对孩子说："爸爸只有上班，才能挣到工资。""妈妈辛苦地做饭，你才能吃上香喷喷的饭菜。"同时，还要引导孩子树立正确的价值观，让孩子知道每件事的完成都需要付出努力，自己获得的一切都是父母爱的付出。

我要对你说

不要以为叛逆期的孩子什么都不懂，其实，他们很会察言观色。他们会从大人的反应中探测到某件事是否可以做、做完之后的结果……父母坚守原则，孩子就能知难而退；父母态度模棱两可，孩子就会觉得有机可乘。千万不要小看了心生叛逆的孩子。

想受到关注，让人们将注意力放到自己身上

　　每个人都渴望被关注，叛逆期的孩子更是如此。当父母因为工作而忽视了孩子、冷淡了孩子，孩子就会通过叛逆行为来引起父母的注意。这时候，只要父母给予孩子足够的关注，他们也不会蛮不讲理。

　　这里有三段女孩的牢骚：

　　女生A幽幽地说：

　　我爸妈心里只有那个店面，早上我在他们的睡梦中出门，晚上他们在我的睡梦中进门，只有周末能打个照面，但话没说几句，他们又匆匆赶往店里了。唉，感觉父母就像一幅画，知道他们的存在却无法对话，哪天我没有回家住了，估计他们也觉察不出来。

　　女生B痛苦地说：

　　自由万岁。好羡慕你，我妈就像个神经病，不上班的女人简直太可怕了，她把所有的精力全用在我身上，这个不能做那个不能做，每天悄悄地盯梢不知多少回，有一次睡到半夜三更，我潜意识感觉身边有黑影，猛然睁眼一看：妈呀，我的亲妈正在帮我盖被子。当时我吓得尖叫。总是把我当三岁的小孩子，只要我在家，她的目光估计就没有离开过我，太压抑了。

　　女生C轻松愉快地说：

还是我爸妈好，他们密切地关注着我，但极少干涉我。只要我决定的事，哪怕错得离谱，他们只发表一些建议，至于我听还是不听均不强求。他们就像一个灵敏的感应器，在我沮丧烦闷时，他们会默默地与我保持一段距离；在我心情愉悦时，他们会装着很不经意的样子点拨一下；在我春风得意时，他们会放下手中的事情与我一起分享快乐。就是有时候，唉，我也说不清，不知道为什么还是会冲他们发脾气。

为了被他人重视，为了得到他人的肯定，叛逆期的孩子就会顶嘴、唱反调或哭闹，这时候大人多半都会给孩子更多的关注。这样，孩子就能利用"反控制""对抗"等行为，达到自己的目的。

在20世纪的美国，有一个著名的工厂叫霍桑工厂。一位管理者发现，无论是基础设施，还是工人福利，都无法激励工人，无法提高生产效率。管理者思考了很长时间，都没有找到问题究竟出在哪里？后来，一位心理学专家进行了认真调研，结果发现：知道自己正在被关注或观察的工人，工作往往更卖力、更积极。

这就是著名的"霍桑效应"。

叛逆期的孩子充满了矛盾，他们一方面想摆脱父母的管控，想要做独立的自己，想要为自己的事情做主，一方面又渴望得到父母的关注。如果他们的这种内心渴望没有得到满足，为了引起父母的注意，他们可能会采取一些叛逆行为，比如跟父母顶嘴、故意撒泼等。

在亲子相处的过程中，孩子会出现多种叛逆表现，父母与孩子发生亲子冲突，都是正常的磨合过程。要想让孩子感受到关注，父母该怎么做？

一、理解并接纳孩子的叛逆

对待孩子的叛逆言行，父母要用一颗平常心理解并接纳孩子。

叛逆期孩子的自尊心都比较强，最反感父母的指责、批评甚至打骂。如果父母依然采用专制、权威式的家庭教育方式来管教孩子，就会伤害孩子的自尊心，加重孩子的叛逆心理。因此，父母要理解并接纳孩子，一旦孩子出现了叛逆行为，就要选择合适的时机进行有效引导。

在观念上，父母要承认叛逆期的客观存在；在行动上，父母要对孩子的行为给予积极的引导和帮助。既可以对家庭教育方式做出相应的调整，也可以为孩子提供解决问题的方法，让他们找到突破口，还可以推荐一些有助于孩子成长、思考的书籍，允许孩子脱离父母成为独立的个体，鼓励孩子和同龄人交流、接触等。

在对待孩子的叛逆行为上，仅简单粗暴地认为：孩子处于叛逆期，谁的话也不愿意听，你不用我管，我也懒得瞎操心，反正撞了南墙，你就知道痛了……然后，名正言顺地撒手不管。这是父母不负责的表现。对于叛逆期的孩子，父母一定要加强管理，密切关注，适时管教。

二、了解叛逆行为背后的需求

叛逆行为都是表象，父母要看到其背后不被满足的需求，了解孩子不听话的深层原因，有针对性地对他们进行引导。对于叛逆期的孩子，父母不能只关心他们的衣食住行，更要深入关注他们的深层次需求。

1. 寻求关注。如果父母很忙或自身情绪不稳，无暇顾及孩子的内心需求，孩子就会认为，只有得到关注，自己才是有价值、有意义的，才能感受到归属感。为了引起父母的关注，他们就会用尽一切办法，甚至做出极端行为。比如，很多叛逆期的孩子想过自杀和自伤，其实他们并不是真的想死，只是渴望被认真对待罢了。

2. 获取权利。家人之间常用的沟通句式是"应该"和"必须"，惯常的态度是批评和指责，不允许犯错，更不允许表现得软弱、无能和失败，这样的家庭，孩子就无法获得说话的机会。其实，强势的父母多数都是纸老虎，他们一般都非常在意对方，尤其是孩子。但是，孩子却认为只有自己说了算或至少不是由父母发号施令时，他才会有归属感。因此，为了获取权利，孩子就会有很多叛逆行为。

3. 报复行为。家庭中缺乏温情，彼此之间冷漠，甚至还存在羞辱、打骂等虐待行为，孩子成了实现家庭梦想的工具，父母错误地认为一切都是为了孩子好。父母认为自己很爱孩子，孩子感受到的却是不信任、不满意和被嫌弃，孩子觉得父母爱的是优秀的自己，而不是真正的自己。为了报复父母，有些孩子就会叛逆。其实，孩子并不想伤害父母，只想好好地被爱一回。

4. 自暴自弃。孩子使用了各种办法，依然无法获得归属感和价值感，就不再想

从父母和他人那里获得关注和权利。他们觉得自己没有价值和意义，就会自暴自弃，厌学逃课、违法犯罪、吸食毒品、网络成瘾、伤害自己或他人，甚至自杀。

三、将"关注"的作用充分利用起来

很多父母认为，孩子到了叛逆期，仅采取说教的方式，无法改变他们的行为，因此在教育孩子时，就会对孩子实行棍棒教育。其实，对孩子实行棍棒教育并不可取。很多孩子之所以叛逆，是为了获得父母的关注；用棍棒教育孩子，只会让孩子变得更加叛逆。

孩子叛逆期行为并不是无法改变，只要及时调整自己的教育方式以及与孩子的相处模式即可。既然孩子的叛逆是为了引起父母的关注，父母为何不充分利用这一点对孩子进行引导和教育？

如果孩子叛逆是为了引起父母的关注，父母就要多关注孩子。只有从源头上改变自己的思想，才能真正给孩子需要的关注，父母应改变自己认为"孩子不需要关注"的看法。

当孩子遇到自己无法解决的事情或问题时，要让他们主动跟老师或父母沟通，及时得到回应，以免继续叛逆。

父母是孩子的"引路人"，要利用关注的作用，认真倾听孩子的心声，让孩子健康成长。

我要对你说

孩子的认知水平还没有发展到一定程度，喜欢用他们以为行之有效的方式来满足自己被关注的需求。用越严厉的方式去关注他们的不良行为，越会强化他们这样做的意识，时间长了，孩子就能自我证实。失去了父母和老师的支持，他们会想，与其拼了命还不能达到父母的预期，倒不如放纵自己。一旦有了这样的想法，孩子接下来的路就会越走越偏。

为了表现自我，为了表达自己的观点

孩子慢慢长大，有了自己的想法，很多叛逆期的孩子之所以不想听父母的话，多半是为了向父母争取属于自己的空间和权利，如果父母独断专行，总以权威强迫孩子，为了让父母妥协或答应他们的要求，孩子就会用反抗的方式来表达自己的观点、证明自己的能力。

这时候，孩子并不是要故意跟父母对着干，只是想向父母证明：我能独立做出判断，有自己的观点和认知。父母以"爱"的名义，阻拦孩子做事，孩子不理解大人、不接受这种"保护"，只要父母拒绝，孩子就会变本加厉，非做不可的欲望会更强。排斥、抵抗和唱反调等行为都会让孩子体会到一种"成就感"，他们会觉得自己也能做大人的事，希望得到他人的肯定。

文文是一名三年级的小学生，父母平时工作忙，只能让老人帮忙照顾。父母的上班时间很不规律，回家多半都在晚上十一二点，这时文文早已入睡，即使是周末，他们有时也很忙，很少能跟文文玩耍和沟通。而文文似乎有很多话想跟他们说，比如，想让他们多买些课外书，觉得奶奶今天某件事做得不对，认为某件事应该如何做……父母依然不时地晚回，文文想说的话说不出来，平时表现不突出，一到周末，他就会做出一些反常的事情，不得消停。奶奶打电话告状，父母只会在电话里训斥文文。听着父母的训斥，文文的情绪逐渐变得低落。

叛逆期的孩子已经渐渐长大，对事情有了自己的判断、自己的想法，更希望向父母倾诉。如果这个需求得不到满足，他们很可能就会用捣乱来表达自己，而对于他们的做法，很多父母都会以训斥做出回应。即使是表面上看起来活泼好动的孩子，内心也非常脆弱，被老师或父母批评后，情绪也会变得低落。

四年级的凡茜各方面都很优秀，但其他孩子都不喜欢她，因为她特别爱表现。元旦前夕，老师让同学们准备才艺表演，凡茜报了合唱和独奏两个节目，还想跳舞。为了不耽误她的学习，班主任拒绝了她报名跳舞，因为仅合唱和独奏两项，就占用了大量的课余时间。凡茜跳舞报名失败，但她每天练习完合唱后，都会到舞蹈队观看。这天，跳舞的几个同学找到班主任，告诉他，凡茜每天都去看她们跳舞，总是指指点点，不是说这个动作不对，就是说那个表情不好。同学们都很讨厌她，想让班主任跟凡茜说说，让她以后不要再去看了。班主任找凡茜沟通，凡茜只能作罢，但她变得更不消停了，只要一下课，就在教室里跳舞，惹得同学们更加讨厌她。

在上述案例中，凡茜之所以做出点评同学跳舞、课下跳舞等行为，主要原因是她的想法没有得到老师的重视，不被同学认可。其实，她的跳舞愿望并没有错，只不过老师没有允许。自己的要求没有得到满足，失去表现自己的机会后，她就做出了让他人觉得匪夷所思的行为，让别人都讨厌她。

在青少年的成长过程中，他们想要表现，希望得到他人的认可。这些原本也是一种正常的现象。因为只有表达自己，得到他人的认可，才能为他们的独立做好准备。父母忽视了他们的这种情感需求，不进行正确引导，孩子就容易做出一些叛逆的行为。

事实证明，只有让孩子知道自己为什么会出现如此强烈的内心渴望，他们才能调整心态，正确面对。父母的认可是孩子获得自信的源头，为了让孩子相信自己，就要鼓励他们多表达，引导他们将自己的想法说出来。同时，要让他们更好地展示和证明自己。

一、不能以爱的名义责骂孩子

经常被责骂的孩子，很容易产生叛逆心理，他们会因为不自信而变得内向、自闭，不喜欢跟人交流。因此，对待孩子，要以引导为主，即使他们某件事做错了，也要耐心疏导，告诉他们：为什么错了、错在什么地方。

为了让孩子听话，很多父母都喜欢说"为了你好"，可是这句话却特别招人烦，即使是大人，也无法通过这句话感受到对方的善意，更不要说叛逆期的孩子。因此，在批评或惩罚孩子时，最好不要加上这句话，否则只会让孩子感到困惑。

被父母批评，孩子心里都会感到不舒服。这是非常正常的心理反应。如果孩子爱表现，父母要予以肯定，千万不要对孩子进行语言侮辱或打击，否则孩子会觉得自己做错了，甚至还会产生心理负担。

二、给孩子提供一些表现的机会

从本质上来说，家庭民主其实就是给孩子创造或提供充分表现自己的机会。举个例子，如果父母工作很忙，就可以从小培养孩子的自理能力，让他们自己热饭、热菜，寒暑假时还可以让孩子自己买菜、做饭，继而将孩子锻炼得很会"过日子"，把家里的一切都安排得井井有条。让孩子"早当家"，孩子的生活才能过得充实，动手能力才能提高。

进入叛逆期的孩子，会经历人生中最痛苦、最危险，过程最曲折的"心理断乳期"，他们需要塑造一个全新的自我，父母要允许孩子经历"丑小鸭"的演变阶段。

家庭的气氛民主，不仅有利于孩子充分表达自己的心理需求，还有益于孩子兴趣爱好的培养和发展。明智的父母，通常都允许孩子出现各种不成熟的心理，比如无知、笨拙、偏见、幼稚、冲动、软弱、急躁、放任、胆怯、焦虑、紧张等，然后进行引导，有意识地对他们进行帮助，让家长成为孩子的良师益友。

三、让孩子学会顾及他人的感受

"能够顾及身边人的感受"，是建立良好人际关系的一个重要表现。要想让孩子成为一个踏实勤劳、体贴周到的人，就要告诉孩子：不能忽视其他人的感受。

西安有一个小男孩，觉得消防员叔叔们很伟大，给他们写了一封信，信里说：

"我希望这个世界永远不要发生火灾……希望我们的国家能发明更先进的武器，来帮助你们灭火。"他还带来了家里所有的冰激凌，和自己存的14.7元，只希望消防员叔叔们吃完后能凉爽一些。

小男孩的举动让我们看到：有同理心的孩子，都是善良的。

所谓同理心，就是感受别人的感受。为了理解别人，必须触碰到自己心里可以理解别人感受的部分，能够换位思考，理解和照顾别人的情绪，给他人以温暖和善意。

杜克大学和宾夕法尼亚大学曾针对同理心做过一项长达20年的研究，他们记录了750多个孩子的成长经历，最终发现：幼儿园时期就乐于分享、喜欢帮助别人的孩子，多数都考上了好学校，找到了好工作。这个实验告诉我们：拥有同理心的孩子，不管在学校，还是在社会，都能表现得更出色，更能适应社会，继而得到他人的尊重和喜爱，人生之路也会走得顺畅很多。

对于叛逆期的孩子来说，只有真正地做到推己及人，才会自觉地遵守规则。缺少同理心，孩子是无法做到这一点的，往往更容易违反规则，损害他人的权益。

我要对你说

表现欲，是孩子"人来疯"最根本的原因之一。尤其是有外人时，孩子的表现欲会膨胀，会用各种手段来吸引别人的注意力，竭力表现自己。如果能够把握好其中的度，孩子就是自信的。但是，叛逆期的孩子往往并不能很好地掌握那个度，会过度表现自己，忽略了别人的感受，让别人烦不胜烦。

第三章

叛逆不是孩子的错，
智慧父母都会这样做

了解孩子，才能教育孩子

叛逆期的孩子最容易情绪不稳定，总是希望通过另类的言行，引起周围人的关注。为了显示自己的独立，他们会对所有的事情进行批判和否定，尤其是父母管教他们时，为了显示自己的独树一帜，他们会用尖锐刻薄的语言进行反驳。如果父母当着同伴或异性同学的面，对他们进行管教，他们的逆反心理会更严重。

六六小时候很调皮，捣乱打架是常有的事情，初时是邻居街坊告状，后来就是老师同学告状。开始时，父母还有耐心给他分析道理，让他道歉，后来同样的事情多了，六六就不耐烦听了，父母也不耐烦说，说得再多孩子也听不进去。

双方的不理解就导致了心理上的慢慢疏远，在学校，六六喜欢打架，老师对他无可奈何，索性就听之任之了；同学们疏远他，他也融入不到同学中，越来越厌烦学校，逃课厌学、通宵上网等，父母拿他没有办法了。

在家庭教育中，打骂可能产生两种后果：一种是更激烈的反抗，一种是沉默。两种后果都会让孩子走向极端，做出大人无法理解的事来。

生活中，很多父母都说孩子不懂事、不听话、没办法沟通，其实很多时候是父母用错了方法，对孩子非打即骂。殊不知，打骂是家庭教育中最失败的方式。从本质上来说，叛逆就是父母的教育方法跟不上孩子的成长速度。父母只有带着好奇心与孩子进行沟通，平易近人、轻言细语，孩子才能直接将自己的意见表达出来。

孩子出现逆反言行，父母不要和孩子短兵相接，要放低姿态，先让孩子冷静下来。然后，站在孩子的角度思考问题，采取积极有效的办法，帮孩子树立正确的价值观，让他们认识到事情的对错。只要对孩子进行积极的引导，多半都能帮助孩子安全度过叛逆期。

叛逆，是孩子成长过程中的一种普遍现象，是多数孩子成长的必然规律之一，虽然父母感到烦恼甚至愤怒，但自有其存在的合理性。因此，父母既不要太焦虑，也不要跟叛逆的孩子对着干，要认真分析原因，采取正确的方式，沉着应对。

一、溺爱型逆反

在教育孩子的过程中，有些父母过于溺爱，对孩子言听计从，孩子要什么，就给他们什么；孩子想怎么样，就让他们怎么样。即使孩子惹是生非，有的父母也想说孩子几句，但只要孩子一闹，父母立刻就会妥协，只要孩子不哭不闹就行了。可是这样做，对孩子性格的养成没有任何好处，一旦在生活中遇到挫折，孩子就会心生怨恨，甚至埋怨父母。

父母过度溺爱和娇惯，全家人都以孩子为中心，孩子就会变得自私自利，不管做什么事，都得听孩子的，稍不如他意，就会大哭大闹。一旦养成了被顺从的习惯，孩子就会以自我为中心，听不进父母的话，跟父母对着干；父母多说几句，就会顶撞，甚至离家出走。

父母特别宠爱孩子，即使孩子犯了错，也无原则地迁就。时间长了，孩子就会觉得，自己无论做什么，别人都会顺从，从而变得骄横跋扈，问题也会变得越来越严重。父母想管教时，孩子已经养成不良习惯，亲子矛盾自然也就出现了。遇到这种孩子，父母要主动关爱他们，但不能溺爱，不能无原则地纵容。其次，要延迟满足孩子的某些需求，让孩子学会珍惜和尊重。最后，要学会拒绝孩子，对于孩子提出的不合理要求，要果断拒绝并说明原因。

二、受挫型逆反

孩子进入叛逆期后，对自我的认识会逐步加深，逐渐具备一定的能力，想通过

自己的努力来实现自己的目标。可是想法太多，需要承受巨大的压力。再加上沉重的学业压力和生活压力，也会给孩子带来不小的精神负担。一旦遭遇挫折，孩子就会做出一些叛逆的行为，表现得与社会水火不容。

叛逆期的孩子脆弱而敏感，无论是遇到学习问题，还是被父母或老师批评，抑或是同学间产生摩擦，他们的情绪都会受到影响，他们会感到难过，甚至感到自尊心受伤。不对孩子进行必要的安慰和开导，他们会恐慌，或敌视周围的一切，继而跟父母发生争执。

因此，为了缓解这种情绪，首先，父母要关注孩子，努力营造一个温馨、宽松的家庭氛围，有效帮助孩子缓解压力。其次，要让孩子尽情倾诉，一旦发现孩子情绪反常，就要找个合适的时机跟孩子沟通，进行正面引导。最后，不要给孩子贴"坏孩子"的标签，不要只盯着孩子的缺点，要多看孩子的长处。

三、压抑型逆反

为了减少孩子的反抗，有些父母总会要求孩子"听话"。孩子不敢反抗，只能被动接受，成为家长眼中的"好孩子"。但这种太听话的孩子，将来很可能会成为问题孩子。他们虽然从来都不会违背父母的意愿，不会反抗，不会为自己辩解，但这并不意味着没有矛盾，他们只会将矛盾埋藏在心里。随着自我意识的不断增强，他们会越来越渴望自己做主，会不顾死活地反抗父母，甚至产生激烈的亲子冲突。

对于这种孩子，首先要给他们选择的权利，遇到跟他们相关的事情时，要多商量，千万不要代替孩子做决定。

其次，要跟孩子分享对各种事情的看法，肯定孩子的努力。最后，不要在孩子面前扮演全能角色，要了解孩子、尊重孩子。

我要对你说

从小到大，孩子要经历几次蜕变，而蜕变的过程不仅是身体的长大，更是思想的成熟，他们会有不同的叛逆表现。作为父母，一定要及时了解孩子是否正处在叛逆期。如果孩子有了叛逆表现，父母千万不要打骂，一定要采取正确的方式。

尊重孩子，才能平等对待孩子

尊重，是人与人交往的基本原则，也是亲子相处的原则。叛逆期的孩子自尊心很强，极度渴望得到大人的尊重，因此，要想减少他们的对抗与逆反，方法之一就是给他们足够的尊重，即尊重他们的选择、尊重他们的性格和品质。

现实生活中，我们总能看到这样的场景：

周末，孩子想要跟同学出去打篮球，但妈妈不同意，理由是外面不安全，而且还要写作业。孩子不高兴，坚持要出去，妈妈更加生气了："出去了，就别回来！"孩子狠狠地瞪一眼："你以为谁想回？"然后，抱起篮球，摔门离开。妈妈无可奈何，也倍感委屈，只能偷偷落泪，觉得孩子不听自己的话。

有个女孩性子慢，不管做什么事都慢半拍。升入五年级后，作业变多，每天晚上写作业都要写到12点。妈妈批评她："其他孩子10点就能写完的作业，你要磨蹭到12点，你是不是故意的？"

看到妈妈不理解自己，女孩说："我本来就性子慢，你又不是不知道。你不就是想让我写完作业后，做你给我买的练习题吗？"

妈妈说："我让你多做一些题，不都是为你好吗？"

女孩反驳："谁买的谁做。我没时间。"

看到女儿这样对自己说话，妈妈气得一晚上都没睡好觉。

在生气时，人们一般都容易冲动，冲动就容易犯错。进入叛逆期的孩子，身体在快速生长，随着体内激素的不断升高，就容易情绪化。再加上独立意识和自我意识的萌发，更想摆脱父母的控制。不管什么原因，对孩子大发脾气，只能让孩子进一步将自己封闭起来，更不愿意跟父母交流；他们也会变得更加叛逆，习惯于跟父母对着干。其实，只要父母换个角度，给孩子足够的尊重，他们就会对你多一些了解，并接受你的意见，更不会用话呛你了。

叛逆期，孩子已经懂得一些道理，遇到问题时要认真地跟他们分析利弊。同时，不要代替孩子做决定，要把决定权交给孩子，父母只要在旁边进行保护和提供建议即可。强迫孩子按照你的意见去做，孩子很容易产生抵触心理，觉得你处处约束他们，效果反而会适得其反。

一、尊重孩子的兴趣爱好

美国教育家斯宾塞说过："身为父母，千万不能太看重孩子的考试分数，应该注重孩子思维能力和学习方法的培养，尽量留住孩子最宝贵的兴趣与好奇心，绝对不能用分数去判断孩子的优劣，更不能让孩子产生以此为荣辱的意识。"

现实中，不尊重孩子兴趣的父母比比皆是：

孩子想要学二胡，父母却让孩子学钢琴；

孩子想学乒乓球，父母却觉得学英语更好；

孩子什么都不想学，父母却强迫孩子学习各种才艺；

…………

人各有志，每个孩子都有自己的兴趣与爱好，父母不能勉强，也不应勉强，否则只能引起孩子的逆反心理，甚至让逆反的孩子更叛逆。

有个二年级的男孩很喜欢小汽车模型，课余时间总喜欢摆弄一些汽车模型或看一些相关的书籍，但妈妈却不支持他。

妈妈觉得玩汽车模型会影响学习，就不让孩子带模型去学校。为了让老师配合，她还给老师打电话，让老师做好监督。男孩依然我行我素，后来只要发现孩子书包里有汽车模型，妈妈就统统扔到地上踩碎。

男孩生气了，妈妈越不让他玩汽车模型，他越要玩。男孩无心听课、无心做作业，学习成绩直线下滑。

对于孩子的兴趣爱好，父母是非不分地粗暴阻止，非但没有效果，反而会使孩子的逆反心愈来愈重，这样他们就更不愿意跟父母讲心里话了。

如果孩子对某一事物感兴趣，父母首先要帮助孩子分析利弊。如果能产生极有益的影响，就要鼓励孩子发展自己的兴趣爱好，同时进行正确的引导和培养。要告诉孩子：只有认真学习，才能更好地了解自己感兴趣的事物，才能做好自己想做的事。

二、尊重孩子生气的权利

一位父亲接儿子放学，路上遇到了朋友，两人聊了起来，等他想起要接儿子放学时，已经过了放学时间半小时。他匆忙赶往学校，在门卫室找到了儿子，一个劲儿地给儿子道歉。

儿子很不高兴："怎么这么晚？"

父亲实话实说："路上遇到个老朋友，多说了几句，忘时间了。"

儿子不依不饶："哪有你这样当爹的。你就不怕我走丢了？"

父亲看儿子居然这样对自己说话，语气加重："不就是迟到半小时吗？你不是也没丢？"

男孩那个气啊："没丢？你的意思是，我丢了，你才会重视我！"然后，扭头跑开。

父亲又气又急，到处寻找，到晚上11点才找到。

作为父亲，居然忘了接孩子的时间，甚至在儿子表达不满时还理直气壮。做错了事，不自我反省，还发脾气，难怪儿子会反感。

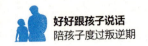

"生气"是孩子感情生活中的一部分，是他们成长过程中必不可少的"有机元素"之一，孩子发泄愤怒，并不是故意搞破坏，动不动就严厉教训孩子，就会剥夺孩子心理调节的权利，孩子长时间地将怨气积存在心里，会感到更紧张、更焦虑。

儿童心理学者麦克纳马拉博士认为，要让孩子将脾气发完，不要试图阻止孩子。当孩子的负面情绪积累到一定程度，发脾气确实是一种宣泄情绪的好方法，阻止孩子发脾气，会对孩子有害。理解孩子，尊重孩子，接受孩子的一切负面情绪，是应对叛逆期孩子的首要方法。

三、尊重孩子的选择

每个孩子都需要耐心引导，尤其是处于叛逆期的孩子，父母更要做好沟通工作。为了让孩子接受自己的建议，而使用威胁和恐吓的语言，会对孩子造成语言暴力，激发出孩子的逆反心。只有用温和坚定的语气对孩子说话，并相信孩子可以做得更好，才是明智的。

一位母亲带着女儿去买裙子。她看中了一款，女儿却不喜欢，怎么都不愿意试穿，就跟她吵了起来，连销售人员都受不了，她也觉得很不好意思，很想对孩子凶，让她乖一点，听话一点。因为，孩子在外面闹的时候，多数人都会认为是父母惯的，没有教育好。

不过，母亲很快又意识到，可能是因为孩子对陌生的环境不熟悉，不愿意做这样的事情，比如换衣服。然后，就让女儿自己选。可是，女儿不选，不满地回了家。

一个星期后，母亲再次带女儿走进了一家商场，让她挑自己喜欢的衣服。母亲只是默默地站在不远处，让女儿挑选、试穿，女儿最终选了她喜欢的连衣裙。

如果父母不尊重孩子的需求，孩子的愤怒就会表现出来。孩子想要坚持自己的主张，想要超越自己的极限，想要独自成长和做事，父母一旦介入，孩子就会感到沮丧。虽然父母的出发点都是好的，但是孩子毕竟不是父母的私产，父母的阻拦或不尊重，只能让孩子厌烦你。

每个孩子都有属于自己的独特个性，存在无限可能，单方面地为孩子做决定，未必是真的为孩子好，明智的做法是给孩子提供选择的机会。习惯性地从自己的角度对孩子的行为做出评价，否定孩子的选择，长此以往，不仅自己会感到疲累，也会让孩子失去自我决定与承担责任的能力。

未来，孩子必然要面临多种选择和做出多种决定，不具备足够的能力，他们只会恐惧和紧张。因此，处理跟孩子相关的事情时，要尊重孩子的意见，允许他们自己选择和决定，父母只要对他们表示尊重即可。

我要对你说

亲爱的，假如你们不想让长大后的孩子变得懦弱而平庸，不想让他们觉得自己是生活在一个不平等的家庭，就让他们在少年时期，适度地发泄，适度地放肆，适度地反抗。要尊重孩子的叛逆心。

陪伴孩子，才能温暖孩子的内心

叛逆期的孩子，最需要的就是父母的陪伴。因为父母的言传身教都可以在孩子身上打下烙印，也会引导孩子去思考他们的做法是否正确。很多时候，父母说得再多，都不如孩子亲身体会，或和孩子一起参加各种活动，增强交流和信任感，了解彼此所处的位置和做事方式。

在某个节目中，一位高中男生第一次对妈妈说了真心话，他知道母亲外出打工是为了给自己提供更好的物质生活条件，但他更羡慕其他父母在身边的孩子，现在他最需要妈妈的陪伴，而不是电话中的支持。

男生问妈妈，你已经错过了我的童年，我以后会有自己的生活，你还想继续错过吗？他不需要妈妈为自己买新衣服、包和新玩具，只需要妈妈的陪伴。

儿时得不到父母陪伴的孩子，一旦得到父母的陪伴，就会显得很不独立，喜欢时刻都贴在父母身上。无论做什么事，都需要父母的陪伴，因为他们从小都不跟父母在一起，格外珍惜跟父母在一起的时间。

没有父母陪伴的孩子，容易对他人进行反抗。他们缺少足够的安全感，对事物没有抵抗力，觉得人们瞧不起自己，觉得自己和别人不一样。通常，这种孩子品性都不太好，比如喜欢抽烟喝酒、经常玩手机等。但这种孩子往往更独立、更敏感、更脆弱，情绪波动更大，跟别人接触时更容易受伤。

叛逆期的孩子，会觉得自己长大了，会将自己想象成大人的样子去处理问题和解决问题，但是因为缺少相关经验，多数时候都会以失败而告终。父母只要无条件地接纳和陪伴孩子，孩子就能感受到家庭的温暖，从而减少叛逆行为。

一、多些时间陪伴孩子

生活中，多数父母都缺少对孩子的陪伴。父母在职场上辛苦工作，业余时间不是应酬，就是参加公司培训或团建，每天都会将多数时间投入到自己的工作中，回到家很多时候都已是深夜，孩子已经睡着。早上起来，匆匆吃个早餐送孩子上学，亲子之间说的话不超过十句，一天下来，跟孩子交流的时间加起来还不到一小时。

孩子的成长过程，需要父母的关注和陪伴，这也是孩子安全感的来源。如果孩子发现自己在父母眼里并没有工作重要，为了引起父母的关注，就会做一些事情，比如故意用言语激怒父母、故意在学校捣乱、故意跟父母唱反调等。这时，叛逆也就变成了孩子寻求父母关注的常用手法。父母忽视了这些信息，孩子就会持续不断地做出越来越多的逆反行为，目的只有一个：引起父母的关注并得到陪伴。

为了减少孩子的叛逆心，父母除了工作外，要抽出更多的时间跟孩子交流，不用使用多高的技巧，只要简单地陪孩子说说话，让他讲讲学校里发生的事，让他讲讲学到的知识，陪孩子做几十分钟的亲子运动，散步、打球、跳绳……让孩子每天至少有1~2小时的时间能够看见你、摸到你，建立健康的亲子关系，孩子才不会说出格的话，也不会做出格的事。

二、对孩子的陪伴要用心

有些父母虽然也在关注和陪伴孩子，但很少用心，即使陪在孩子身边，孩子也感到无比孤独，因为父母根本就不懂他。

孩子的孤独不像成年人，成年人如果感到孤独，完全可以将其转化成高质量的独处，而叛逆期的孩子心智还不成熟，还没有能力将孤独转变成高质量的独处，为了表达自己的内心，只能想办法激怒父母，满足自己渴望被人懂的心理诉求。

要想解决这个问题，父母就要用孩子的心态和视角走进他们的内心。具体方法如下：首先了解孩子的爱好，然后把自己的爱好调整到与孩子同频，最后跟孩子进

行讨论和分享。这样，孩子就能知道，父母是懂他的，对于父母引出的每一个话题，他们也能表达自己的见解和观点；他们引出的每一个话题，父母也能参与其中。只要孩子觉得被人理解、被人懂，就会将父母当作朋友，而不是监督他的人，这样，亲子关系也就融洽了。

三、给孩子真正的陪伴

真正的陪伴是怎样的？

1. 高质量的陪伴。聪明的父母并不会"刻意"陪伴孩子，他们只会将知识、教育等融入日常生活中，给孩子高质量的陪伴。比如，带着孩子去市场买菜，在去市场前，先跟孩子商量好要买什么菜，让孩子用心记住。到了市场，让孩子凭记忆告诉父母要买什么菜；在买菜的过程中，父母会告诉孩子怎样挑选蔬菜；结账时，让孩子计算需要支付多少钱。时间长了，孩子就能了解蔬菜品种、挑选要点、计算方法，以及养成见人打招呼的习惯。

2. 有趣的陪伴。单一且枯燥的陪伴会让孩子心生厌倦，觉得无聊、无趣，而高质量的亲子陪伴都是有趣的，父母可以学习简单有趣的亲子游戏，与孩子一起玩耍，提升感情，提高孩子的动手和动脑能力。例如，与孩子进行"你画我猜"的游戏，让孩子发挥想象力画画，然后由你猜。如果猜对了，就说明孩子画得像，这时候就可以奖励孩子一个拥抱或小礼物。

3. 亲密的陪伴。在陪伴孩子的过程中，一定要重视肢体语言的力量。父母语言上的爱并不能给孩子带来太多的真切感受，不时地给孩子一个鼓励的眼神、一个亲切的拥抱、一个甜蜜的亲吻，孩子内心就能绽放出爱的花朵。亲密的陪伴，不仅能增加孩子的愉悦感，还能提升孩子的自信心，让孩子浑身上下充满力量。

4. 平和的陪伴。在陪伴孩子的过程中，父母要保证平静温和的情绪，即使心情不好，也不要将脾气发在孩子身上，否则会伤害孩子幼小的心灵。遇到工作不顺或身体不适，可以直接告诉孩子，绝对不能毫无理由地对孩子发脾气，更不能将孩子当作出气筒。

5. 全身心的陪伴。要想给孩子真正的陪伴，父母就要放下手机，暂时忘记生活与工作中的事情，让身体和心灵保持一致，专注、认真地陪伴孩子，或玩耍，或画画，或读绘本，或与孩子互动交流，让孩子学会沟通、学会关爱、学会信任。

我要对你说

　　陪伴孩子的方式多种多样。例如：可以带孩子去图书馆，让孩子感受文化的氛围；可以带孩子运动，让孩子强健体魄；可以与孩子一起DIY，做手工、做蛋糕等，提高孩子的动手能力；可以与孩子种树、种花，让孩子感受到自然与生命的奥妙……

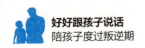
信任孩子，孩子才会少些叛逆心

父母的信任就是对孩子的尊重和肯定。叛逆期孩子想要的绝不是说教、指点与批评，而是父母对他的信任。父母不信任孩子，孩子就不可能信任父母，亲子之间的沟通交流即使再多，也不会取得积极的效果。

父母只有足够信任孩子，孩子才能信任父母，才能理解父母的教导，不会一味地跟父母唱反调。因此，在孩子做完一件事情，向父母展示时，父母要给予适当的鼓励和表扬，而这也是对孩子最简单的一种信任。

一位13岁女孩写下"遗书"后，没有丝毫犹豫地从5楼跳下："爸妈，你们为什么不相信我，我没有偷，我恨你们。"

女孩家里开着零售店，时常丢一二十元的零钱，爸爸就认定是她偷的。跳楼前，父女再次因为类似的琐事发生了口角。气愤之下，爸爸举起了棍棒。

爸爸边打边说："做出这样的事情，读书读得再多又有什么用，你以后就不用读书了。"

在爸爸的棍棒教育和威胁下，女孩最终"承认"了偷取家中零钱等行为，并根据爸爸的要求将这些行为逐一写在本子上并签字。然后，留下遗书，以结束自己的生命来证明自己的清白。

生活中的很多父母也如案例中的家长一样，看到孩子的行为没有达到自己的预期，甚至还会说"我不要你了"或"你这样就不是我的孩子，我的孩子不会这么不听话"……对叛逆期的孩子，这些话不会发挥任何积极作用。

叛逆期的孩子处于少年跟成人的过渡阶段，他们的身体虽然慢慢趋于成熟，思想却依然幼稚，威胁他们或给他们讲道理，会让他们觉得父母没有把他们当作一个有思想的人去对待，只会变本加厉地跟父母对着干。

对于一个家庭来说，缺少互相信任，是非常糟糕甚至可怕的。父母不信任孩子、不尊重孩子，不管孩子说什么，都完全忽视，孩子多半都不会听父母的话。父母不相信孩子，认为被孩子欺骗了，就会大吼大叫；孩子认为父母不信任他，就会对父母失去信任，自然就不会听父母的话。这样，就会陷入恶性循环。

父母和孩子之间最大的矛盾就是互不信任，父母不信任孩子，乱翻孩子的物品，查看孩子的日记；孩子不信任父母，即使遇到问题，也不敢和父母说，只知道向外界寻求宽慰。因此，父母想要改善孩子的叛逆状况，就要让孩子信任自己，同时改变自己的教育方式。为了减少孩子的压力，还要给孩子一定的空间，不要紧盯着孩子不放。

为了表达对孩子的信任，父母可以从以下方面做起：

一、相信孩子的能力

信任孩子，首先就要相信孩子的能力。

每个孩子的能力都不同，即使是同一个孩子，在不同的年龄阶段，能力也会有差异。叛逆的孩子成绩差，原因有很多，比如：不喜欢上学、自暴自弃，或者能力确实不够，这时候父母的信任就会成为孩子积极向上的动力。

父母相信孩子的能力，相信孩子通过自己的努力能够提高，孩子就会对自己多一份信任，学习也会积极主动很多，就会不断挖掘自己的潜力，达到最佳的学习效果。

北大学生小王就是这样一个"差生"。他说：

小学和初中我都是作为插班生在一个子弟学校上学，刚从农村转到子

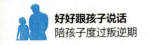

弟小学时，在三（1）班插班，班主任不愿意接受我，班里的同学也欺负我，老师总是批评我。没办法，我只上了几天，父母就让我降了级，读二年级。直到小学毕业，我的成绩也只能算是中等。

初中我是在另一个子弟学校上的，一开始学习还没有适应过来，只知道听讲，不太用功，第一次期中考就没考好，父亲训了我。寒假我刻苦学习，第二学期考了全班第4名，但后来无论怎么用功也只是第4名，在全年级也只能排七八名。初中毕业，父亲交钱让我进了一中。

第一天上学是我一生中最惨也是最值得纪念的日子。父亲去交钱，我在雨中低着头徘徊，遇到同一个初中考上一中的同学来上学，他父亲问了一句："今天你也来上学？"言下之意，我这样的自费生是不该与他女儿一起上学的。

我低着头，开始流泪。父亲安慰我："孩子，没事，咱不比别人差。"我对自己说："记住，今天，你低头走进这个大门，三年后要昂着头走出去。"

上了高中，第一次数学摸底考试我只得了38分。第一个寒假，经过姐姐的开导，我喜欢上了英语。我把能找到的英语小册子的题都做了，第二学期，我的英语成绩由原来的72分上升到136分（满分150分）。但其他科目的成绩依然不好。不过，我一直很努力。

我之所以能考上北大，是因为我高中三年不懈的努力。我总说要为自己雪耻，我曾刻下三枚写有"辱生"的印章。

这个"差生"的故事告诉我们：叛逆期的孩子，只要有改变自己学习状态的决心，就不会永远是差生；即使是"差生"，只要努力，也可以上北大。

学习成绩差是一种负面的激励因素，要想将这种消极因素变为积极因素，离不开父母的信任和关爱。

二、相信孩子的努力

所谓信任孩子，就是信任孩子会尽力做事、正确做完，而孩子则不会辜负父母的期望。有了这种信任，父母并不需要亲自去做某些事，也不用监督、过问，更不用怀疑孩子的努力与付出，只用说："孩子，我相信你一定会成功的，因为你已经努力了。"

一位父亲认为，在孩子的管教问题上，要相信孩子的努力，告诉他努力是非常重要的。他说：

记得孩子初中考高中时，同班几个要好而且平时学习成绩不相上下的同学，考上了提前招生的市重点高中——二中，孩子没考上。这是他上学以来遇到的最大挫折。

我们首先肯定他的智商不比别人差，基础不比别人差。没考上的原因是重视不够，准备不足，对题型不太适应。鼓励他还有统一中考，还有上市重点高中的机会。后来，儿子以高出录取分数线14分的成绩考入了另一所市重点高中。

每个人都是不同的，孩子的智商可能没人家高，但依然可以通过努力来弥补。虽然我们鼓励孩子向同学学习，但不能让孩子将其当作一种包袱，不能成为孩子前进路上的压力和阻力，而要成为动力。孩子学习了他人的方法或思想，学习成绩虽然能提高，但绝不是一蹴而就的，但只要孩子努力学了，总有一天，他的知识就能变成他的能力。

三、相信自己的孩子是最好的

一个朋友曾跟我讲过这样一件事。

冰冰正在上小学三年级，有一次期中考试发高烧，没有去参加考试。过后，妈妈找到学校的各科任教老师，向他们说明了原委，并拿回了期中测试卷，准备让冰冰在家里考。

回到家里，妈妈考虑着如何让儿子在家里答这些期中试卷。她想：儿子学习成绩一直都是中等，肯定会有一些内容不会做，这次在家里考

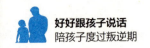
试，他会不会有偷看的念头呢？我是让他自己计时间还是亲自监督他考试呢？后来她又想：常听人说，严管中长大的孩子，无法独立；施压中长大的孩子，常常忧虑；信赖中长大的孩子，信人信己。于是，她选择相信孩子。

那个周日，妈妈把考卷放到冰冰面前，说："现在是八点，考试时间是一个半小时，时钟在那儿，你自己看着，如果到点了，你就交卷吧。"说完，她就关上房门去做她的家务了。

九点半，冰冰出来交给她卷子，然后一脸高兴地去玩了。妈妈回冰冰的房间，看见儿子的书包静静地躺在角落里，一点都没有动过的样子。看来，冰冰一点都没有"作弊"。

妈妈很高兴冰冰懂得考试应该是什么样子。冰冰完全按照学校考试的样子来管理自己，时间一到就不再做题了，根本不知道有"作弊"这回事。

案例中的妈妈选择相信冰冰，冰冰表现得也很好。孩子就是这样纯洁。

父母总喜欢拿自家孩子的缺点与别人家孩子的优点来比较，似乎自家孩子总是不如别人家孩子好。殊不知，父母的这种做法，只会让孩子意识到"父母不信任我""我在父母眼里一无是处"。这种消极想法，会让孩子更加不信任父母，从而给亲子沟通带来阻碍。父母应该明确一点，孩子成功与否跟自身的努力密切相关，不能跟其他人比较。

我要对你说

人很容易受到暗示，包括成年人在内。一个人总被别人暗示为品行端正，善良友爱，他就会在这种氛围里渐渐生发出自我肯定的意识，他的品行也会朝着好的方向发展；如果一个人总被暗示为有某个问题，那他就会在这方面不断地自我否定，逐渐丧失自信，向坏的方向发展。作为父母，相信和陪伴才是给孩子最好的礼物。

制定规则，才有利于解决问题

　　孩子的叛逆期确实让很多父母感到头痛。父母不知道如何应对，教育孩子时总是感到无力，总觉得跟孩子有生不完的气。如何解决这个问题呢？其实，完全可以给孩子制定一些规则。

　　　　最近，杜妈妈因为孩子叛逆的问题非常苦恼，她感觉女儿自从上了初一之后，就像是变了个人，对待父母的态度很差，甚至和父母的关系还比不上和陌生人的关系，她不知道自己和丈夫究竟做错了什么。

　　　　杜妈妈还觉得孩子的心里藏着很多小秘密，始终不愿意和自己聊。自己和孩子能见面的时间就是吃饭的时候，一旦吃完饭，她就将自己关在房间里，特别是在周末，不是和同学出去玩，就是闷在房间里独处。

　　　　杜妈妈对孩子的生活也更加好奇，有一次在孩子和朋友外出时，她悄悄跟在孩子身后，竟然发现孩子学会了吸烟，还化了浓妆。杜妈妈更加生气，自己曾经乖巧的女儿，怎么变成这样了？

　　孩子到了叛逆期，父母都会不由自主地担心，害怕孩子学坏，担心孩子养成坏习惯。其实，并不是每个孩子在叛逆期时都会叛逆，父母可以根据孩子是否存在叛逆行为，判断孩子是不是叛逆。

　　在孩子成长的过程中，孩子最初懂得的道理非常少，随着他们的不断成长，明

白的道理也会越来越多。父母在进行教育时，一定要在他们年龄特别小时就开始；一旦孩子长到一定年龄，他们就会生出更多的想法，不再听从父母的教导，管教也会变得越来越困难。

到了叛逆期，多数孩子会变得横行霸道，会挑战父母的威严。为了减少孩子的叛逆行为，可以给他们制定一定的规则，并让他们遵守；如果孩子不遵守规则，千万不要由着他们来，要严厉批评，让他们清楚地意识到有些规则是不能触犯的。

一、规则不能只针对孩子一个人

很多父母都知道制定规则的重要性，给孩子制定各种规则，但是用不了多久，就不会坚持执行了。原因就在于，在制定规则时，父母模糊了出发点。在很多家庭里，规则不是用来帮助孩子成长的，而是方便父母管教的，因此制定的很多规则，针对的只是孩子一个人。比如，不让孩子玩游戏，父母却整天窝在沙发上玩手机；不让孩子看电视，父母却一看就是好几集。对于这样的规则，孩子会打心眼里反感。

规则应该成为全家人共同执行的规范，要想让规则被遵守，就要坚持平等性原则，否则制定的规则也就失去了意义。比如，大家都在排队，有人插队，次数多了，不排队的人就会越来越多，给孩子制定规则同样如此。大人制定了规则，自己却成了规则的破坏者，孩子就会模仿父母的行为，因此要想让孩子遵守规则，父母就要给孩子树立榜样，让规则变成全家人的行为规范，不只是针对孩子一个人。

二、设定相应的处罚

制定规则时，很多父母容易犯这样的错误，即制定了很多规则，但没有相应的处罚。为了让孩子听话，很多父母会恐吓孩子："再不听话，就打你。"第一次听到，孩子可能会感到少许害怕，这样的事情经历几次之后，一旦孩子发现都是假的，就会觉得你只是吓唬他，继而也就不再听你的话了。同理，要想提高规则执行的效果，必须设定相应的处罚。

比如，孩子在游乐场打人，跟他讲道理、逼他道歉，都没有用。正确的做法是：在孩子第一次打人时，就要告诉他："再有这样的行为，就不能再玩了，直接回家。"孩子若再犯，就要立刻带他回家，任孩子怎么求饶，都不能心软妥协，这样孩子就会明白，父母说到做到。这种失望、后悔的经历，比父母说再多威胁的话都管用。

此外，执行结果还要跟行为有一定的因果关系。体验到行为的自然后果，孩子就能主动修正自己的错误行为，自觉遵守规则。不过，这个后果必须合理，还要和孩子犯的错误有因果关系，不能肆意妄为，更不能伤及孩子的身心。当然，为了强化孩子好的行为习惯，如果孩子做对了或取得了进步，就要及时鼓励。

父母一定要记住，制定规则的目的是帮助孩子成长，而不是滥用父母的权利或发泄情绪。尊重孩子，用合理的规则，就能帮助孩子养成规矩意识，孩子的叛逆行为也会减少很多。

三、制定规则要有度

王玲是一个平淡温柔的女子，然而，"温柔"这个词对她来说似褒实贬，因为她太过温顺，因而在家中没有主动权，无论是大事小事杂事琐事，她都处于一种被动的地位。晚餐吃什么，总要问问自己的丈夫和儿子之后心里才会有数；婆婆指责她买几百元的毛毯太贵，自己转身就买了一条五千多的围巾，她也忍气吞声；单位组织旅游，她想去，但是考虑到家务和儿子的作业，只好让领导取消了她的名额……然而，王玲这样的妥协容忍，并没有换来丈夫的将心比心。

有一次，王玲和大学同学一起逛街，她试了两件衣服拿不准主意，便拍了照片给老公发了过去，想让他帮忙参考。

过了一会儿，一条语音过来了，夹杂着不耐烦的语气："怎么这点小事都要问我？喜欢哪个就买哪个呗。"她老公有点大男子主义，平时大大咧咧，看不惯王玲的优柔寡断。夫妻之间的矛盾也不少，王玲不被理解的苦，只能往肚子里咽。

大学同学问过王玲，你从小性格就是这样的吗？王玲说："并不是这样，我小时候精着呢，只不过我父亲性格太暴躁，总是限制我的自由，时间长了，我也就变得温顺了。我小时候写作业时，父亲在一旁大声地放电

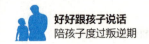
视，我想让他小点声，换来的却是粗暴的呵斥；我想参加学校的活动，父亲总是命令我完成某些家务之后才能参加，这些家务超过了我的负荷，对于那些有趣的活动，我也只能望洋兴叹。"

父母过度压制王玲的自由，让她形成了软弱、优柔寡断、没有主见的性格。因此，在培养孩子的过程中，制定规则要有度，不能让孩子感到抑郁、不开心、被束缚，否则就是过度了。

> **我 要 对 你 说**
>
> 人的个性和自由意志往往都是从人生早期开始培养的。如果在小时候就受到压制，只能将孩子的个性和主见扼杀。父母要求孩子盲目地接受自己认定的规则，孩子就无法成为独立思考、坚忍不拔的人。规则也要有原则。如果设置得当，就是为孩子品德塑形的工具；设置不当，就会矫枉过正，适得其反，成为束缚孩子心智的牢笼。

第四章

叛逆期亲子相处的秘诀，就是主动沟通

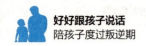
父母会倾听，孩子更听话

父母善于倾听，孩子就能在潜移默化中养成良好的倾听习惯，不管是学习还是社交，都会让孩子受益一生。

在日常生活中，父母懂得放低姿态，平等、耐心地倾听，孩子就会感觉到被尊重、被关注、被理解，就会自觉地调整自己的行为，努力让自己变得更好。如果父母总是高高在上地对孩子进行说教或指责，孩子无法说出心里话，不敢说出心里话，时间久了，就会对父母失望、不信任，一旦觉得自己不被重视、不被爱，就容易出现问题。

一天，儿子放学回到家，进门就嚷："我恨老师，我再也不去学校了。"如果平时听到这样的话，妈妈肯定要苦口婆心地教育一番，可是这次这位妈妈没有说话，只是把气愤的孩子搂在怀里。

孩子哭着说："妈妈，今天老师让我们写一篇作文，我就拼错了一个字，老师就嘲笑了我，结果同学们都笑我，太丢人了。"妈妈依然没有说话，只是把孩子搂得更紧了。

过了一会儿，儿子平静了，他从妈妈的怀里站起来，说："同学还在公园等我玩呢，我得走了。谢谢你，妈妈，听我说这些。"

叛逆期孩子的自我管控能力在不断增强，遭受挫折，感到伤心或难过时，他们只需要一只耳朵和一个怀抱，而不是一张不断开合的嘴。

法国教育学家帕梅拉·德鲁克曼说："即使孩子有不对的地方，父母也有责任倾听并领会他们的动机。孩子有不寻常反应时，背后一定是有原因的。父母应该认真倾听，并向他们解释这个世界。跟让孩子听话比起来，听孩子把话说完，才是为人父母的必修课。"如果孩子什么都不愿意跟你说，什么都不想告诉你，甚至已经没了向父母表达的欲望，即使你想倾听，孩子也不会主动张嘴。

如果孩子愿意跟你说话，愿意把事情告诉你，那你就是十分幸运的。但是，在这个过程中，父母不一定能做到安静地倾听，很可能在孩子说到一半时就被父母强硬地打断，有些父母甚至还会喋喋不休地说起自己的想法，将自己的想法强加在孩子身上。如果是这样，就不是倾听了。倾听，需要闭上嘴，打开耳朵。

太过严厉的管教，会让亲情产生裂痕；顺从孩子，叛逆的情况则会愈演愈烈。只有用心倾听，认真感受孩子的感受，真正关注孩子，孩子才不会叛逆。

一、摆出听的姿态

站在孩子的角度和高度看世界，会看到一个和成年人完全不同的世界。孩子和你说话时，你不仅要全身心投入，还要用眼神或简短的语言表示你对他的话很感兴趣。

孙女士与孩子进行交谈时，总会蹲下，看着孩子的眼睛，侧耳倾听。朋友都夸她有耐心，她说起了自己与孩子的故事。

儿子坐电梯时总是哭闹，多次安慰和引导都没有改进。有次坐电梯，儿子又开始哭闹，在他人异样的目光中，孙女士感觉十分尴尬，想要抱孩子走出电梯。在她准备起身的那一刻，才明白孩子哭闹的原因，从孩子的高度看去，黑压压全是大人的臀部或大腿。从此，徐女士在与孩子交谈时，都会蹲下来与孩子保持同一高度，看看孩子的世界，倾听孩子的需求。

与孩子保持同一高度，孩子就能感受到平等、尊重和友善。威廉·哥德法勃曾

经说过："教育孩子最重要的，是要把孩子当成与自己人格平等的人，给他们以无限的关爱。""蹲下来"倾听，与孩子保持目光接触，是一种关心，更是一种理解，更容易得到孩子的信任和好感。

二、与孩子共情

曾经看过这样一个故事：

> 儿子哭着告诉爸爸："爸爸我的小海龟死了。"
>
> 爸爸安慰："别难过，不就是一只小海龟吗？我再给你买一只。"
>
> 听了爸爸的话，儿子哭得更厉害了……

读懂并接纳孩子的情绪，与孩子产生共情，是对孩子的理解和认同。美国儿童心理学家汉姆·基诺特博士曾说："孩子的感受与行为有着直接联系；好的感受会引发好的行为；孩子感觉良好，自然会通情达理。"父母能够说出孩子的感受，比如"真没想到，他是你的好朋友，你一定很伤心吧"，孩子就能慢慢冷静下来，想出解决问题的办法。

当孩子出现负面情绪时，父母不要急于抚慰或屏蔽孩子的情绪，完全可以跟孩子"共情"。接纳孩子的不良情绪，体会孩子的想法和感受，鼓励孩子大胆表达，让孩子在最短的时间内平静下来。

三、不要随意打断

> 朋友给我发信息说："我又和儿子吵架了。"原来，孩子放学回家路上想要和她聊聊天，嘴上答应的她一直在忙自己的事情，一会儿打电话，一会儿发信息，孩子几次想要说话都被打断，等她忙完想要和孩子好好聊聊时，孩子却说："你忙吧，我没什么要说的了。"

察觉孩子想跟你说什么，父母就要放下手中的事情，用平等的态度，专注地倾听，不要不重视他们的讲述。如果当时你正在处理的事情比较急，就要问一下孩子："我现在有重要的事情在处理，你能等一下吗？"用商量的语气跟孩子沟通，即使孩子的讲述被打断，他们也能感受到父母对自己的尊重。切记，少说多听，不随意打断孩子的话语，既是对孩子的尊重，也是爱孩子的一种表达方式。

其实，孩子想说什么话，大人都能猜到，只不过，由于孩子说话并不像大人一样连贯、清晰，不知道自己要表达什么，需要边说边想，可能还会断断续续，缺少连贯性，父母频繁地打断孩子，会让孩子变得急躁、难过等，觉得自己不被尊重，自己没有说话的权利，继而哭闹、抗拒。随着年龄的增长，他们就更不愿意再开口分享了。

说话总被父母打断的孩子，也会跟父母产生距离，时间长了，会排斥与父母沟通，不愿意跟父母表达自己的想法，生怕说一句就被直接否定。他们更不会倾听，会将大人的影子复制过去，不停地打断大人之间的谈话；而如果大人被不断地打断，把气发泄在孩子身上，孩子就会觉得很委屈，觉得不被尊重，继而变得不爱说话。

我要对你说

父母倾听孩子的心声不是单向沟通，而是一种双向互动，也就是说，在倾听的过程中，父母应当饱含爱意。倾听是为了帮孩子化解烦恼，消除困惑，如果这种沟通缺乏爱，就无法深入孩子的内心。只有有温度的爱，才能温暖孩子的心灵，融化掉孩子心中的"冰"。

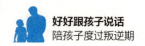

了解多种沟通方式，应对不同的情景

在日常生活中，很多父母会抱怨："孩子越长大，跟家人说话就越少。"有时候大人问一句："今天过得怎么样？"得到的答案却是"还行、挺好"，然后就没下文了。孩子表面上看起来很听话，其实他们已经有了自己的思想，不愿意跟父母说。

有个正在上初二的男孩，成绩不好，经常逃课，老师管教，他总是顶撞。老师教育多次无果，只能联系了家长。父母将男孩接回家，觉得先让他在家里休息一段时间，等孩子愿意上学了，再去学校。结果，男孩回到家，一待就是一个月。在这一个月里，他基本上不出门，只是玩手机；他不跟家人沟通，脾气暴躁，父母一说，他就生气。家人轮番劝他或引导他，甚至还让跟他同龄的亲戚朋友来劝，他也听不进去。只要将房门一关，他就能在房间里待一天。

案例中的男孩，就是典型的不愿沟通。而这也是叛逆期孩子身上普遍存在的现象。

为了更好地了解孩子，其实多数父母都愿意跟孩子沟通，结果呢？孩子不为所动，父母只能无奈地说："我也想好好沟通，但是孩子听不进去，根本没法沟通。"其实，亲子之间的沟通并不是简单地说话，特别是面对叛逆期的孩子，更要讲究方式方法，需要借助一些沟通技巧。

教育家卡尔曾经说过："把对孩子说的话写在纸条上，让它们变成文字，就能在无形中加重它们的分量。"父母还可以准备一个亲子日记本，养成写日记的好习惯，将某件事情或某个时刻的心情通通记录下来。这本日记是共用的，就像亲子沟通的一个窗口，如果父母想了解孩子，或孩子想知道父母的想法，只要阅读日记就可以了。

有一次，睿睿因为一个小问题和父母发生争执，居然一个星期都没有和父母说话。父母看着沉默寡言的睿睿，既着急，又不知道如何打破僵局。

有一天，妈妈在和同事闲聊时，得知叛逆期的孩子都是这么叛逆，而且不愿意沟通。受到同事的启发，妈妈也决定给睿睿写字条。

正好要进行期中考试，为此妈妈早早起床为睿睿做好早餐，然后留了一张字条在睿睿的床头，字条上写着："亲爱的睿睿，祝你考试顺利。爱你的父母。"看到这张字条，吃着美味的早餐，睿睿的心里既温暖又感动。

案例中，处于叛逆期的睿睿和父母的相处变得异常艰难。妈妈积极寻找解决办法，以写字条的方式与睿睿进行沟通，让睿睿坚硬的内心柔软起来，更加积极主动地处理与父母的关系。

从本质上说，亲子关系也是人际关系的一种，需要用心呵护。尤其是在现代社会，父母与孩子之间的沟通不仅局限于语言交流这种方式，方便快捷的沟通方式越来越多，父母要充分利用这些现代化通信手段，与孩子进行沟通，保持亲子沟通渠道畅通，提高亲子沟通的效果，加深亲子感情。

好的沟通方法能够促进亲子之间的互动，不好的沟通方法会阻碍孩子的发展，使孩子变得不知道如何跟父母相处。作为父母，究竟该如何与叛逆期的孩子进行有效沟通呢？

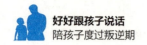
一、从别人的事情谈起

"从别人的事情谈起"是一种比较容易打开话题的聊天方式。

孩子刚入学时，妈妈曾这样问他："你们班上最调皮的是谁啊？"他告诉妈妈一个名字。

妈妈接着问："他做了些什么事惹老师生气呢？"

孩子如数家珍："上课讲话啊。还有昨天用东西砸同学的头。"

"那老师怎么做的呢？"

"老师罚他站啊。"

"站多久？"

"站到下课啊。超惨的。"

"啊。真的啊。好可怜喔。都不能坐下，脚一定很酸。"

"对啊，下课也不能出去玩。"

"哇。你们老师这么凶啊？"

"还好啦。有一点凶。"

"那你有没有被老师凶过？"

"没有。我很乖。"

"喔。好险。所以你都没有被老师罚过站喽？"

他迟疑了一下。

妈妈赶紧说："你也被罚过站啊？好可怜。你有没有哭？"

他摇摇头说："没有。"

妈妈接着问："啊。老师这么凶，你都没有哭啊，很勇敢。"

"不是啦。我不是被这个老师罚的，我是被健体老师罚的。"

"喔。也是讲话吗？"

"是啊。不过还好只是罚站了一会儿。"

通过这样一段对话，就能大致了解孩子在学校的情况、对同学的行为有什么看法以及他的处理方式。从别人的事情谈起，完全是一个亲子沟通的好方法。

二、只要"倾听"，不要"说教"

孩子们聚在一起，也会聊八卦，聊得热火朝天。因此，聊天要回到聊天本身，对孩子要多"倾听"，少"说教"。

在聊天过程中，如果想让聊天持续下去，最忌讳说教，要多询问、少评论，多说"你"，少说"我"。

孩子说："妈，×××今天打我了。"

"喔，为什么？"

"因为我要玩恐龙，他不准我拿。"

"那你怎么做的呢？"

"我就去玩别的了。"

"你怎么不告诉老师呢？我不是教过你，人家欺负你，要去告诉老师吗？你也可以跟他说，公用的东西大家都可以玩。妈妈不是跟你说过吗？"

听了妈妈的话，孩子的反应一定是紧闭双唇，不想再多说一句。此刻，完全可以继续追问："喔，那你心里有没有觉得很不舒服？"或"如果你还想去玩恐龙，该怎么办呢？"这样，孩子才会将自己的真实想法说出来："还好啦。我想他先玩也没关系，等他玩完了，我再玩就行了。"或"我很生气啊。所以，我就跟他说'我不跟你玩了'。"

可见，想让孩子说出心里话，一定要坚持"不评价、不说教"的原则，因为只有做到这两点，孩子才会愿意与你分享，这样的聊天才是放松的、快乐的。

三、运用肢体语言，增进亲子感情

适当的肢体语言，能让孩子感受到你对他的重视，鼓励他说下去。平时和孩子聊天时，父母要用平视的目光注视他。如果孩子年龄还小，就蹲下来；如果孩子已经十几岁，就可以拉着他的手坐下来。

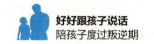
叛逆期的孩子对肢体语言异常敏感，父母忙着收衣服、做饭，不看着他说话，他一定会抗议："妈妈，你都没有专心在听。"多数孩子都喜欢亲密接触，为了提高聊天效果，就要多使用肢体语言，比如握握他的手、摸摸他的头、搂搂他的肩、捏捏他的颈背、顺顺他的头发、拍拍他的背等。

其次，两人聊天时所坐的位置也会影响谈话效果。例如，跟孩子坐在同一边，比坐在对面的位置要好；两人躺在地上讲话，比坐在地上好。让孩子一边玩一边聊，更能让他们放下心防。

另外，跟年幼的孩子对话时，不能随意发笑。不论他的话多么幼稚、多么奇怪，都要态度诚恳、严肃一些，否则孩子很容易因为被嘲笑而不愿意继续聊天。

我要对你说

叛逆期孩子不愿意跟家长或老师沟通的原因有很多，要想取得理想的沟通效果，就要采用不同的方法，比如，孩子比较内向，可以写封信，跟他聊聊；孩子喜欢旅游，就利用旅游的时间跟孩子聊聊，这时候孩子往往更容易接受。家长要在不同的时机，采用不同的方法，了解孩子的想法后，再进行引导。

掌握表扬的技巧，才能事半功倍

很多父母都听过这样一句话"好孩子是夸出来的"，确实，在表扬中长大的孩子，其性格往往更好，人格往往更健全，但随着孩子渐渐长大，尤其是孩子进入叛逆期后，有些父母发现"表扬"根本就不管用，孩子对自己还是爱搭不理。究竟什么原因呢？一个重要的原因是：叛逆期的孩子已经有了自己的想法和认识，孩提时代的表扬已经无法取得理想的效果了。

从心理学的角度来说，表扬属于"正强化"，是形成自尊、建立自信的重要手段，因此叛逆期的孩子依然需要父母的表扬。适当的表扬可以让叛逆期的孩子在竞争的环境中拥有足够的自信心，提高自我认可度，减少叛逆，为今后的生活和学习打下基础。

很多人都看过《波西米亚狂想曲》，这本书讲的与其说是皇后乐队的成立及大放异彩的故事，不如说是皇后乐队的灵魂人物——主唱弗莱迪·摩克瑞的"传记故事"。

在电影中，少年时的弗莱迪根本不被父亲看好，因为父亲觉得他没有坚持"善言、善行、善思"，认为他是个游手好闲的人。这也是弗莱迪与父亲关系紧张的一个重要原因，弗莱迪甚至在成名并迷失自我后都没有和家人联系，直到他知道自己将不久于人世，在参加温布利体育场举行的"Live Aid"援助非洲义演前，他才再次回家。

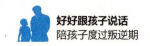
这一次，他获得了父亲的认可和赞扬，父亲认为他这是真的"善行"。父亲的认可让他更加有勇气去面对一切，包括他所患的艾滋病。从十几岁到二十几岁，甚至三十几岁，弗莱迪期待的不过是父母的认可。

对叛逆期的孩子来说，表扬可能远比一个玩具、一次大餐更有意义。很多父母可能会说，我经常表扬孩子，但没什么效果，无论怎么表扬，他都没变化。其实，很可能是父母采用了错误的表扬方式。

随着赏识教育的不断推行，很多父母都开始对孩子开展赏识教育，结果不仅孩子听腻了父母的表扬，父母也发现表扬不管用了。有的父母甚至还说，自己的孩子不能被表扬，表扬了，反而表现得更差。

其实，并不是孩子对表扬麻木不仁，而是因为这些父母还没有真正掌握赏识教育的精髓，也不知道表扬的技巧，导致表扬泛滥，对孩子失去了效力。批评是一门艺术，表扬也是一门艺术；批评需要讲究技巧，表扬也有一定的技巧。并不是所有的表扬都能对孩子起到积极的作用，采用错误的表扬方式，可能会让孩子陷入被动状态而不能自已。

对于叛逆的孩子来说，表扬一定要有具体意义。所以，在表扬孩子时，需要严格遵守以下几点：

一、表扬孩子要用心

很多父母都有这样的体验：本来在跟孩子好好交流，孩子却突然变脸；本来想表扬孩子，孩子却不领情。父母感到非常苦恼，对亲子沟通也存有畏难情绪；再加上，心疼孩子学习压力大，只能使用"好言好语"和"夸张表情"来讨好孩子。但事实上，父母的这份"好心"并不会取得好效果，只要孩子觉察到父母的表扬有丝毫不真诚，他们就会出现负面的心理反应。

比如，有的孩子会认为"我没有你说的那么好，不需要这么夸张""你表扬我，是不是接下来对我有什么要求，我不会让你得逞的""是不是我做得不够好，需要额外的表扬来鼓励"。有些孩子甚至还会认为，得到表扬并不是什么好事，还不如被批评。叛逆期的孩子之所以会有这样的想法，是因为他们具备一定的叛逆意识，想与父母发表不同看法；还有一个重要原因就是，父母的表扬不真诚，没能真正走进孩子的内心，让他们的自尊心受挫。

真诚的表扬质朴明媚、简单自然，更容易被处于叛逆期的孩子接受。所以，父母一定要真诚地表扬孩子，千万不要为讨好孩子而口是心非，更不要言辞夸张。要知道，7岁以上的孩子完全可以像成人一样辨别真伪，一旦孩子认为表扬很假，他们不仅不会相信虚假的表扬，甚至还会怀疑那些真诚的表扬，这对孩子的成长极为不利。

二、对孩子的表扬要具体

表扬孩子时，不要使用笼统模糊的言辞，比如"你真棒""你真能干""你怎么这么好"……因为这类表扬缺乏具体内容，缺少鼓励性和影响力。要就事论事，琢磨具体原因，比如"你这几天坚持早读，口语听起来好多了""你最近做科学试卷时，答题答得很规范，准确率也很高""这段时间你总是跟妈妈一起准备晚餐，我轻松多了，你的炒菜技能有提高"……这类表扬指向明确，聚焦在孩子的努力和具体过程上，更利于他们清楚地获取努力的方向和养成良好的品质。

笼统的表扬常常会指向品性的评价，而直接表扬品性，就像直射的阳光，会让孩子感到不舒服，看不清方向。对于叛逆期的孩子来说，听到别人说自己很棒、了不起、慷慨、谦逊，只会觉得尴尬，会不自觉地否认这些说法。比如，听到父母说"很了不起"，就觉得自己"也就那样"；听到父母说"很慷慨"，就会觉得自己"不是圣人"……这些否定的推论会对他们健康人格的形成起到反作用。而描述性的认可，却能清晰地描述出孩子所做的具体事和父母的具体感受。

三、表扬孩子要多一些理性

表扬自己的孩子时，很多父母会带有强烈的主观色彩，偏离评价尺度。比如，有的父母会主观地认为，自己孩子的素质比其他孩子好，更有灵性，会夸孩子"聪明""有天赋""是这块料"；有的父母重视赏识教育，对孩子的表扬太频繁。然而，表扬过度会适得其反，并不能取得积极的效果。

叛逆期的孩子需要更多的自我空间，他们不希望自己的大事小事都在父母的评价范围内，父母的过度表扬，会让他们产生反感甚至愤怒等情绪。因而，父母应该

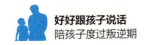

客观理性地评价自己的孩子，避免主观色彩浓的表扬，更不要对孩子进行吹捧。父母应该准确把握好表扬的时机和频率，不能不分场合地对孩子进行表扬；只有立足孩子的实际情况进行适度表扬，才能真正起到鼓励和引导孩子的作用。

我要对你说

　　"好孩子"这种话就是典型的"夸人格"，父母会无心地将其挂在嘴边。但"好"是一个很虚无的概念，孩子被扣上这样一顶大帽子，只能给他们造成巨大的压力。父母的称赞总是"言过其实"，孩子也会有压力，觉得自己不配得到这种赞美。在你刚刚赞美完他时，他就会做出让你头疼的事情，以示"真诚"，所以夸奖一定要谨慎适度。

掌握批评的艺术，孩子就能少些叛逆

说到批评，很多父母都会连连摇头，批评得轻了，孩子不当回事，批评得重了，又担心对孩子的心理造成伤害。其实只要掌握了批评的艺术，孩子完全可以少一些叛逆。

《京华时报》上曾刊登过这样一则报道：

宸宸今年11岁，从小跟着母亲一起生活在姥爷家，性格内向，不爱说话，现在处于叛逆期，家人对其要求比较严格。事发前一天晚上8点多，母亲给他检查暑假作业时发现，还有不少作业没做。母亲责问宸宸为何没有将作业做好，他当时就有点不高兴，然后就去洗澡睡觉了，晚上也没有看到他有什么激烈的反应。直到第二天早上4点多，邻居上楼敲门，家人才知道宸宸从楼上跳下去了。

批评的潜台词是"你是错的，我是对的，你应该做出改变"。比如，对孩子说："你最近作业的错误比较多，上课不专心，被老师批评了。"潜台词就是"你上课应该专心听讲，作业应该认真写，不应该受到老师的批评"。

如今，很多孩子看上去很聪明，也很勤奋，就是没有个性，唯唯诺诺，害怕犯错误。这些孩子都有一个共性，就是以前被父母、老师批评得太多，不自信，觉得自己做什么都不对。背后的原因就是，错误的批评导致孩子普遍缺乏自信心，比较

害羞。只有正确批评孩子，孩子才不会感到压抑，才能顺利成长。

错误的批评背后是僵化的心智，而正确的批评背后是成长化的心智。后者一般都愿意迎接挑战，遇到困难也不放弃；而前者则害怕挑战，遇到困难就会轻易放弃。把错误归结为孩子的品质有问题，集中批评孩子的缺点甚至人格，就是固定型批评。一旦孩子养成固定型心智，面对错误，大脑就会停止活动，因为他认为所有的一切都是自己品质或人格本身的问题，不能改变。

在教育孩子的过程中，父母采用说教、训斥、责骂等手段，非但不会骂醒、训醒孩子，反而还会让情况变得越来越糟。孩子把父母的批评当作耳边风，或屡教不改，问题很可能就出在批评方法上。

为了让孩子接受并心服口服地改正，批评孩子时，就不能总是说教、挖苦、警告，甚至体罚，应该掌握一定的方法和技巧。

一、用陈述性语气描述事实

晶晶是一个初二女生，她和妈妈的关系非常亲密，班上同学的父母非常羡慕，有些父母私下问晶晶妈，你是怎样做到和女儿相处得这般好的？晶晶妈说，其实，我就是抓住了叛逆期孩子的心理特点，极少直接批评孩子。

有父母就问，孩子犯了错不批评哪行啊？

晶晶妈说，叛逆期孩子犯错往往是无心之举，故意犯错的少，有时犯了错他们自己都不知道，你就直接批评他们，他们哪愿意承认呢。

有父母又问，那怎样才能让孩子知错和改错呢？

晶晶妈说，我一般都会用陈述性语气和女儿一起回忆事情发生的经过，像切葱段一样，让孩子逐段去判断对错，在这个过程中我不带任何消极情绪，而是不断肯定与鼓励孩子，甚至她判断对了时我还会表扬她诚实与勇敢呢。

晶晶妈的做法，抓住了问题的本质，即父母一张口就批评孩子，孩子就会顶嘴或不认账。晶晶妈之所以能够和女儿建立亲密无间的关系，彼此互相信任，关键就在于她自始至终都在保护女儿的自尊心，把教育的重点放在和女儿一起回忆事实、分析事实、做出正确判断上。

对于叛逆期孩子来说，只要知道自己错在哪里，再加上父母的鼓励，一般都会愿意改错。

二、旁敲侧击，不要先入为主

君君是一个初一男生，用老师的话来形容他，这孩子非常聪明，就是脸皮薄，如果违反纪律了，私下教育能起作用。但如果当着全班同学的面批评他，保证他会折腾好长一段时间才会消停下来。

老师的话引起了君君妈的反思。自己在家里经常会批评孩子，每当娘俩发生激烈的矛盾冲突时，非但没有起到教育的作用，反而激化了矛盾。爸爸的脾气也不好，父子俩说不了两句就会弄得不愉快。

君君妈向班主任请教，像我家孩子这样，如果犯错了，该怎样教育呢？班主任告诉她，对于君君这样的叛逆期男生，最好在他犯错后采取旁敲侧击的方法，即不讲他犯了什么错，而是对孩子进行启发，让孩子学会自我反思。

不直接批评孩子，叛逆期的孩子会从父母的话语中去捕捉与他们有关联的信息，抓住这个关键点，父母就能避免犯先入为主批评孩子的错。只要不激起孩子的逆反心理，亲子沟通一般都很容易进行，尤其是当孩子真切地感受到你对他的好时，他们更会从心里感激你，取得最佳的亲子沟通和正面教育效果。

三、指出孩子错在哪儿

责骂只会带来麻木不仁，真正的批评是不会导致这种结果的。

试想，如果将一个人的自尊心碾碎，对方就会通过"感受不到"的方式来保护自己，并不会做出一副欢迎的样子。正确的批评方式是，不仅要指出孩子究竟错在哪里，还要告诉孩子正确的做法，积极关注孩子的后续行为。

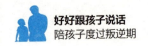
举个例子：

情境：孩子作业没做完就去睡觉了。

责骂："怎么没做完作业就睡了？我就知道，你没有一点责任心，将来我能指望你什么呢？"

批评示范："你作业没做完就睡了，孩子你肯定是累了吧？那么，明天早上早点起床把它补上，妈妈相信你的。"

这时孩子一定能体会到父母对他的关心和爱。

再举个例子：

情境：孩子洗过的碗上还有很多油渍。

责骂："你看你都这么大了，洗个碗都洗不干净，学习也不好，你还能干什么？"

批评示范："好像碗上还有油渍，我猜你肯定没有用洗洁精洗，那你不妨用点洗洁精洗一洗怎么样？"

对孩子说话，一定要软化自己的语言，即使孩子有些不情愿，之后也知道该怎么做了。当孩子继续做这件事时，父母和孩子才能变得更开心。

我要对你说

批评孩子尽量不要在以下时间：清晨、吃饭时、睡觉前。批评孩子不应在下列场合：公共场所，当着孩子同学、朋友的面，当着众多亲朋的面。叛逆期孩子的自尊心都很强，在公开场合批评孩子，会让孩子觉得没面子，会打击他们的自信心，还可能让孩子对父母心怀不满甚至怨恨，影响父母同孩子之间的感情。

少些责备，对抗也会少一些

孩子遇到问题，很多父母都会直接批评孩子，或者责怪孩子笨、责怪孩子懒、责怪孩子不听话……这些方式都不利于孩子好性格的养成。

"怎么说你都不听？你怎么回事儿？"一位妈妈这样训斥儿子。

男孩低下头，一声不吭，任凭妈妈怎样推搡，他都没反应，自顾自地做着作业。

这时，只听"刺啦"一声，妈妈气得撕了孩子正在做的作业。孩子这时停止了一切动作，空气瞬间凝固，泪水已在眼眶里打转。

"看看你什么态度？继续写，一会儿写不好再撕，直到你写好为止。"妈妈疯狂地发泄着自己的情绪，丝毫不顾及孩子的感受。孩子无助地打开书本，拿起笔，抬头看了一眼怒火中烧的妈妈，愤愤地在本子上写着。

看到这里，相信很多父母都会百感交集，既惋惜那份将要写好的作业，又气那个不用心的孩子，更可怜那个动辄就训斥孩子的妈妈。

事实证明，经常被责怪的孩子会变得叛逆。他们从小在父母的责备中长大，体会不到父母的呵护，长大之后，有了自己的想法，就会厌恶、责备、仇视父母，从而变得更加叛逆。

有的孩子可能对父母唯命是从，时间长了，就会变得自卑、懦弱、没主见、不自信，遇到困难，只会退缩。

有的孩子的身心会受到伤害，听多了，就会对父母的责备司空见惯，变得自闭，不把责备当一回事。

为了避免责备，这些孩子会说一些欺骗父母的话，时间久了，还会跟父母对着干。孩子和父母渐行渐远，不愿表达自己的真实想法，甚至会把自己孤立起来，变得内向；遇到挫折，感到无法承受时，还会做出过激反应。那么，父母应该怎么做呢？

一、接受孩子的不完美

家长希望自己的孩子优秀，是很正常的想法，也是一个美好的愿望。但孩子有缺点那才是正常的，没缺点才有问题。孩子身上出现缺点，父母最好不要立刻指出并要求改正，否则会挫伤孩子的自信心，让孩子陷入自卑，因小失大。这时候，可以用引导的方法，循序渐进，慢慢地让孩子意识到自己的错误，进而自己改正。

接受孩子的不完美是每个家长的人生必修课，自己的孩子跟他人的孩子没有什么不同，都是平凡的人，都有缺点。只要孩子能够扬长避短，徐徐改之，即使缺点再大，这种影响也会慢慢消散。

二、责备孩子，也要坚持原则

究竟能不能责备孩子、能否让孩子为自己的偏激行为负责？问题的重点在于"如何"责备，而不是"能不能"。

1.责备要简短。叛逆期的孩子，对不中听的话，他们一般都缺少耐性，父母的责备只要超过3分钟，他们的耳朵就会自动关闭。父母说得再多，也只是自己一个人在演哑剧，因为孩子们只看见动作却听不见声音。所以，既然要责备孩子，就要抓住重点、明确内容，只谈今天的事，不要把过去的陈年旧账翻出来。此外，要用自己的眼睛看着孩子的眼睛，让孩子无法逃避大人的情绪，这样孩子才会认真听。

2.责备要明确。对孩子犯错的行为给予纠正，必须用语言清楚表达：什么时间、什么人、发生什么事、做错什么事、对别人的影响是什么、以后要如何改进……在责备孩子之前，先把要讲的话在心里练几次，不仅可以抓住重点，还能缓

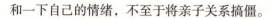

和一下自己的情绪，不至于将亲子关系搞僵。

3.不要羞辱孩子。所谓责备，就是对所做的错事予以教导使他们改正，而羞辱则是对做错事的人给予伤害。做错的事，只要改正就好，但是给孩子造成的伤害，却会一辈子影响孩子的心灵。因此，父母在指责孩子时，千万要留意自己的用词，要针对事情陈述，用期待的口气相信他会改进，打击孩子，只能让孩子抬不起头。人们都喜欢接近欣赏自己的人，而羞辱是导致亲子关系疏离的一剂毒药，要认真对待。

4.及时修复感情。孩子被责备后，要给他找个台阶，让他在同伴面前有面子。叛逆期的孩子自尊心很强，千万不要在别人面前数落他，只有私下劝诫并愉快散场，才能保持良好的关系。修复感情，并不是责备之后立刻修复，要等孩子进行了短时间的反省和沉淀后，知道自己哪里做错了，想要改正错误，再来修复。因此，在责备孩子时，父母不能摆出高高在上的姿态，免得自己下不来台。

三、不要在以下时刻责备孩子

哪些时刻，不能责备孩子呢？

1.大庭广众下。即使是年龄再小的孩子，也有自尊及人格，尤其是叛逆期的孩子。既然要指责孩子，就不能当着众人的面，不能将孩子的事当成笑话来说。发现他人对自家的孩子进行责备，一定要严肃告知并阻止这种行为。

2.正在吃饭时。吃饭时，不要责备孩子，否则会导致孩子的肠胃虚弱，孩子刚吃到一半，就大声哭泣，发生呕吐等状况，这些都不利于孩子身体和心理的健康，父母应在饭后对孩子进行开导教育。

3.孩子生病时。孩子生病了，身体不适，可能会变得固执、爱发脾气等，此时也是孩子最需要安全感、关爱与包容的时刻。不要因为孩子不爱吃药或在医院排队等候心烦等，就责备孩子，因为悲伤会影响身体的康复，而你的不关心更会让他变得灰心丧气。

4.高兴时。一家人正高高兴兴地说话，朋友们乐在其中，孩子却说错了话、做错了事，如果不太严重，就不要立刻指责，事后再与孩子好好沟通。

5.已知错或很悲伤时。孩子已经知错，父母却指责，只能让孩子变得更

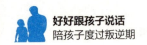
"坏"。父母应倾听孩子的想法，告知他下次要当心。孩子已经很悲伤，父母就不要再指责了，要好好拥抱孩子，让他感受到父母无条件的爱。

6.要睡觉时。睡觉前责备孩子，孩子会情绪不佳、无法入睡、做噩梦等，势必会影响第二天的状态，让孩子的坏情绪不断蔓延。当然，睡眠不足对身体的影响也非常明显。

我要对你说

经常被父母责备的孩子，性格和心理都容易出现缺陷，后果很严重。发现自己无论如何都是做错的那一个，孩子就变得暴躁、无奈，开始对抗、叛逆，你说什么我偏不听，跟父母对抗，甚至走向极端。

中篇

好好跟孩子说话，
培养孩子多种能力

第五章

美好生活：
跟孩子一起快乐成长

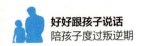
孩子穿衣打扮另类——接纳孩子的"特立独行"

孩子进入叛逆期后，除了叛逆或不听话外，还有一个显著的变化就是变得爱美了。这里的爱美，不仅局限于女孩，男孩同样也会开始注重自己的外表和形象。

比如，早起洗头，用吹风机、定型水等固定发型；喜欢穿一些成熟的衣服，有的女孩还会开始学习化妆、打耳洞；把宽松的校服修改成时尚、修身的版型。

叛逆期的孩子通过这些行为来满足爱美的需求，但是在很多父母眼中，却是不求上进的表现，会耽误学习。为了让孩子改正，就会过度斥责孩子，甚至跟孩子发生进一步的冲突。

朋友晓丽就曾因为这件事情和女儿大吵过一架，甚至冷战过半个月。

女儿原先是个很听话的孩子，但是上了初中后，就变得越来越爱打扮。虽然学校规定了统一的着装（校服）和发型，但是孩子们仍能在这种循规蹈矩的装扮中变出自己的花样。女儿就将校服的裤腿偷偷改成了收腿的样式，原先宽松肥大的裤子变得修身又有型。

面对这种行为，晓丽只是唠叨两句就算了，但是到了初二，孩子爱美的程度更为"严重"。开始倒腾各种化妆品不说，还扬言想染头发。晓丽严令禁止，但女儿最终还是跟同学偷偷地去染了头发，还打了耳洞。

晓丽感觉很恼火，感觉女儿这样叛逆会影响学习，而且也是不学好的表现，为此和女儿大吵了一架。

学校老师发现后，不仅批评了孩子，还通知晓丽带女儿回家把头发染回来，母女两人的冲突彻底爆发。

女儿赌气将自己锁在屋子里，说什么也不愿意把头发染回来，因为这件事，母女俩冷战了半个月。

生活中，类似晓丽家里的这种情况有很多。这些父母认为，初中阶段孩子的主要任务是学习，只要孩子表现出对外在形象的关注，就认为是爱打扮、爱美，甚至会因为担心影响孩子学习、引发早恋等问题而进行阻止。

事实上，叛逆期的孩子爱美，是身心发育的必然，也是少男少女走向成熟的标志。

处于叛逆期的孩子有着较强的叛逆心，随着自我意识和好奇心的增强，为了引起他人的关注，他们会全力以赴地追求自己的个性，在很多方面都表现得很另类，而穿另类衣服就是其中的一种。

面对孩子叛逆期爱打扮的问题，父母要及时调整心态，积极适应孩子的变化。孩子有自己独特的穿衣风格，证明孩子在不断成熟，有主见，父母的太多干预，只会引起孩子的逆反心理，要从心理和思想层面对孩子进行引导，培养孩子更广泛的兴趣爱好，让孩子将自己的注意力转移开来。

叛逆期的孩子爱打扮，但这并不代表孩子开始走向物质，不关注内在。所以父母要对孩子的这种行为多些宽容，少些计较，否则会让孩子出现逆反情绪，放弃自我。

一、与孩子探讨关于服装与潮流的问题

如果孩子喜欢关注穿着打扮，父母的正确做法应该是顺水推舟，主动跟孩子一起讨论潮牌和流行的服饰，并向孩子灌输正能量，不要让孩子产生攀比心。

孩子很容易受到外界影响，父母不能墨守成规，可以通过审美类和着装类书籍与孩子探讨服装搭配与潮流；同时，要根据孩子的形体、气质等给孩子提些建议，让他们明白着装要符合身份，盲目追求新奇不可取。与孩子进行深度交流，增进亲

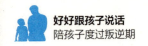
子关系，帮助孩子轻松度过叛逆期。

二、尊重孩子的审美敏感期

教育的本质是尊重、平等和沟通，无论孩子年龄多大，父母都要尊重孩子的审美敏感期，一旦破坏，孩子就会在心中产生怨恨情绪，与父母的感情出现裂痕。

当孩子表现出敏感期的行为特征时，很多父母不是没有发觉，而是觉而不察，即使明显感知到了，也不知道如何帮助孩子，以致错失了良机。父母认为这是孩子在淘气，会感到不耐烦，甚至还会对孩子的"不当"行为进行批评和斥责；叛逆期的孩子无法充分体会到成长的美好，就会变得胆小、孤僻，失去探索未知世界的勇气。

叛逆期的孩子对自己的形象有了自己的愿望和审美标准，尤其女孩，开始对自己的衣着和服饰产生浓厚兴趣。这个时候，孩子需要的是父母的肯定，而不是以成人视角对"美"的评判，父母要注重对孩子的审美进行引导，千万不要用"不正常""怪异"等定性词语来评价孩子。

孩子对美有追求，说明他们的精神世界正走向深入，对美好事物的感觉会深深印在他们的记忆深处，直接影响将来的气质和审美能力的发展。父母必须以客观的态度，在日常的生活与活动中观察孩子，只要发现了这方面的特征，就要为孩子创造适宜的环境，做出正确的引导。

父母不要刻意用成人的标准去要求孩子，认为孩子不该这样穿，不该那样穿。在节假日里，即使孩子穿着不太合你心意，只要社会环境能接受，父母都应该尊重孩子的选择。

三、引导孩子形成正确的审美观

爱美之心，人皆有之。我们每天都在为了"美"奋斗，比如，更美的生活、更美的衣服、更美的心情等。之所以要让孩子从小树立正确的审美观，是为了让他们分辨出美和丑。正确的审美观，会引导孩子去追求美，去努力创造美。

叛逆期的孩子爱打扮，父母不能将关注点放在行为本身，要帮助孩子形成正确的审美观，让孩子认识到什么是真正的美、人的魅力从何而来。

3~12岁，是孩子接受知识较佳的时期，也是打基础的时期，这时候的审美教育和德智体教育同样重要，都会影响孩子的未来。父母要引导孩子发现身边的美，有具体的，也有抽象的，比如，自然景观的美让人们心旷神怡，心情愉悦；社会人情的美让我们感动和赞叹……所有的人和事，都会感染孩子纯净的心灵，在他们心中树立美的样本。父母要多跟孩子讲述和发现这些美，为了强化孩子对于美的概念，还可以带孩子一起去体验。

我要对你说

处于叛逆期的孩子，对穿衣打扮往往都会有自己的喜好。对于他们的这种喜好，父母要多一些理解和认同。不要觉得穿着另类，就是坏孩子，更不要觉得孩子重视穿衣打扮，就会影响学习。在信息化时代，孩子的思想必定不会像老一辈那样保守，父母应尊重他们的喜好，既不要用老眼光来看待孩子的穿着，也不要强迫孩子穿他们不喜欢的衣服或剪不喜欢的发型。

孩子爱睡懒觉——让孩子养成良好的睡眠习惯

叛逆期孩子睡懒觉的习惯并不是因为他们懒惰，而是生理因素使然。早晨的这种嗜睡现象与他们的生理有密切关系。随着孩子年龄的不断增长，起床的时间会越来越晚，但到20岁时，这种情况会突然发生变化。20岁后，他们就开始倾向于早起。

昊昊已经11岁了，可每天早上都喜欢睡懒觉，醒了也不肯起床，好话要说一箩筐。所以，每天早晨上学都是这个家最烦恼的事了。实在没办法，看到孩子赖床，爸爸竟想出了用吹起床号的办法叫他起床，妈妈看到此情此景，不禁笑出了声，吐槽："是不是一栋楼的人都被叫醒了？"

睡懒觉，几乎是每个孩子的共同嗜好，也是多数父母共同的烦恼。其实，不仅孩子如此，大人也一样，很多成年人也喜欢睡懒觉，只不过有些成年人自制力强，或者已经养成了良好的作息习惯而已。

有个女孩正在上初中，平时住校。放假时，孩子天天睡到十点多才起来。刚开始时，妈妈心疼孩子没说什么，但是过了一星期就忍不住了，每天最要命的就是催孩子起床。

为了让孩子早点起床，父母使出浑身解数，效果却不明显。更让人无语的是，父母甚至曾端来一盆水倒在孩子的床上。效果很明显，孩子立刻起床。

然而因为这件事，孩子和他们冷战了一段时间。经历过这样的事情之后，父母再也不敢采用极端的方式，只是希望学校能够早点开学。

其实，孩子偶尔睡懒觉并没什么，经常睡懒觉，就是一个坏习惯了，父母必须让孩子改掉。

孩子之所以会睡懒觉，原因不外乎以下几点：

晚上熬夜。没有电视和手机时，孩子睡觉很早。随着通信工具的普及，孩子的多数时间被手机占据。有的孩子表面上看起来在睡觉，实际上到了晚上一两点都还没睡。孩子晚上不睡觉，早上怎么起得来？

想要放松。孩子课程越来越繁重，很多孩子都是五六点起床，晚上十点多才下课。在学校已经很疲劳了，只能利用周末或寒暑假时睡懒觉。他们之所以会睡懒觉，并不是喜欢睡懒觉，而只是为了放松一下。

习惯没养好。有的孩子之所以会睡懒觉，是因为他们养成了睡懒觉的坏习惯。在家里，爸妈都很疼爱自己，即使自己不起床，也不会受到惩罚。

叛逆期的孩子睡懒觉也是可以理解的，但一旦养成坏习惯，就很难改变了。

一、鼓励孩子早睡早起

只有帮助孩子养成良好的作息习惯，才能有效解决孩子爱睡懒觉的问题。下面我们来看这位妈妈是怎么做的。

薇薇几乎每天早晨都要哼哼唧唧赖床不起，有好几次妈妈送她上学时都差点赶不上校车，妈妈感到异常恼火，而薇薇也几乎每天早晨都会挨训。妈妈思来想去，认为薇薇之所以早上不按时起床，可能是因为晚上睡得太晚了，于是决定每天晚上让薇薇早点睡。

这天，薇薇吃完晚饭后，妈妈没有让她再去看电视，而是带着她到附近公园转了一大圈，回来后薇薇有些累了，妈妈赶紧让她洗漱。洗漱

后，薇薇感觉舒服多了，稍稍有了困意，妈妈赶紧安排她早点睡觉，薇薇虽有些不情愿，但毕竟也有些困了，于是上床睡觉去了。

由于这次比平时早睡了一个多小时，第二天起床时薇薇并没有太多的困意，闹钟响了没多久，她便起床洗漱了，这次妈妈没有喊她。当然，对于她的积极表现，妈妈也及时表扬了她。此后的几天，妈妈尽量通过各种办法让她早睡早起，渐渐地，薇薇就养成了早睡早起的习惯，赖床的行为也很少再发生。

与其责备孩子赖床不起，不如想个办法让孩子早睡早起。睡眠相对充足时，孩子也就不会再赖床了。

二、让孩子为自己的懒惰埋单

多数孩子都是因睡眠不足（晚睡）而导致的赖床，也有少数孩子留恋被窝的舒适而不愿起床，尤其是在冬天的早晨。也就是说，有的孩子即使睡眠充足，早晨也不想起床，总想在被窝里多待一会儿，怎么办？适当地让孩子接受惩罚，让他为自己的赖床付出代价，是一种有效的方法。

强强是一个特别爱睡懒觉的孩子，妈妈为此每天都要和他打上一通嘴仗，真是烦不胜烦。

为了避免强强上课迟到，妈妈给他定了两组闹钟，一组叫不醒他的话，另一组十分钟后接着叫，即便如此，强强依然一动不动，妈妈每天很无奈地去他房间催促他起床。为此，妈妈绞尽脑汁也没有找到一个有效的解决办法。

一个偶然的机会，妈妈从一本家庭教育杂志上看到一篇关于孩子睡懒觉的文章，其中有一种避免孩子睡懒觉的方法就是"让孩子适当受到惩罚"。妈妈决定尝试一下这种方法。

强强第二天再赖床不起时，妈妈并没有去他的房间催促他，而是按兵不动。强强感觉不对劲，过了一会儿等他主动起床洗漱时，发现时间已经晚了，虽然他很快就洗漱完毕，但是赶到小区门口时校车已经开走了。

强强急得像是热锅上的蚂蚁，一个劲儿地埋怨妈妈没有及时喊他起床，妈妈也表示"后悔"。无奈，最后母子俩只好打了一辆出租车来到了学校，此时已经上课10多分钟了，强强自然受到了老师的批评。

经过这件事后，强强十分后悔，而他再也没有因为赖床而迟到过。

虽然这种方法带有一定的惩罚性，但对于"屡教不改"的孩子，依然能取得一定的效果。当然，这种方法不能经常使用，否则会出现两种后果：一是打击孩子的自尊心，二是让孩子变得越来越"皮"。

三、引导孩子提高睡眠质量

只有提高睡眠质量，第二天才能精力充沛地上课，才能提高听课效果，取得好成绩。那么，如何才能提高睡眠质量呢？

首先，要注意"二宜三忌"。

1. "二宜"。

（1）睡前散步。在正式睡觉之前，可以让孩子穿上舒适的衣服和鞋子，到外面走一走，散散步。回来之后，他们往往能更快入睡。

（2）睡前泡脚。睡前泡脚，有利于血液循环，让手脚不再冰凉，更容易入睡。

2. "三忌"。

（1）不要吃得太饱。为了让孩子长身体，家长会给孩子做可口的饭菜，准备各种水果，但孩子一下子摄入太多，容易增加肠胃负担，影响睡眠质量。因此，睡前如果孩子饿了，可以让他适当喝些牛奶，不要吃油腻的东西。

（2）不要沉迷于娱乐。睡觉之前听音乐、看电影，孩子就会处于兴奋的状态，无法入眠。因此，睡前不要让孩子看容易兴奋的视频，也不要谈论恐怖、伤感的事情，尽量保持心情的平静。

（3）不要喝提神的饮料。为了延长学习时间，有些孩子会喝咖啡或浓茶来提神。咖啡中的咖啡因、浓茶里的茶碱容易让人处于亢奋状态，直接影响睡眠质量。因此，不要让孩子晚上喝咖啡和浓茶。

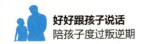
其次，要想提高睡眠质量，要从以下几方面做起：

1. 正确的睡眠姿势。为了提高睡眠质量，要让孩子右侧卧，微曲双腿，自然放松，一手屈肘放枕前，一手自然放在大腿上。

2. 顺应生物钟。每天都让孩子准时起床，迎接早晨的阳光，孩子的生物钟就会准时运转。这是提高睡眠质量的关键要素之一。

3. 营造理想的睡眠环境。要想为孩子创造一个清静的睡眠环境，首先要保持通风，让新鲜的空气在房间里流动。然后，准备一张舒适的床，枕头软硬要适中。将卧室的温度控制在15~24摄氏度之间。

> **我要对你说**
>
> 找到孩子爱睡懒觉的原因，然后再根据孩子的实际情况有针对性地进行引导，就能解决孩子睡懒觉的问题。睡觉前，不要让孩子进行剧烈的运动，让孩子适当进食，过饱对睡眠质量也会有影响。此外，不要让孩子由于一些心理原因，比如，把睡觉当作摆脱生活、学习压力的办法；情绪不好、心情不好、无活动欲望等，以睡觉来消磨时光。

孩子不爱收拾——引导他提高整理意识

生活中，经常会听到父母的抱怨：

"我家孩子现在每天把家里搞得跟鬼子进村没啥区别，玩具到他手里，没两分钟就扔得到处都是。"

"谁说不是呢，你说他玩玩具就好好玩呗，我前一秒刚收拾好，下一秒他又能给你扔得到处都是。"

"我家小祖宗也是，吼叫打骂都不管用，任凭你说破嘴，人家还是照扔不误。"

…………

相信很多父母都被自家"熊孩子"乱扔东西的习惯困扰过。

家里被孩子搞得乱七八糟；沙发上的抱枕被远远扔在地上；玩具被摔得散了架……孩子的这些行为，让父母抓狂，同时父母也感到困惑：扔东西有这么好玩吗？为什么孩子总是乐此不疲？父母到底要不要管？如何管？

很多孩子小时候还会自己叠被子、整理玩具，可是进入叛逆期后，床铺反而乱糟糟，书桌、课本、纸都是随便放，换下来的衣服随手就丢在地上。孩子们并不是不爱整洁、不爱美，因为他们出门之前，也会对着镜子看一看，照照脸、梳梳头、换换衣服……

收拾整理的好习惯可以反映孩子的自我管理能力，有利于帮助孩子提高学习效率，预防和矫正丢三落四的坏习惯；还可以增强孩子的责任感。孩子做完自己的事情后，为了给别人提供方便，有责任把场地打扫干净，把物品摆放整齐。

叛逆期的孩子做事是以快乐为动机的，比如叠被子、扫地、整理桌面等，并不是让孩子快乐、有动力做的事情，而打扮自己，让同学朋友觉得自己好看，增强自信心，却会让他们感到快乐，自然会有动力去做。

一、让孩子意识到整理的必要性

能够让孩子得到实惠或意识到这种实惠，孩子自然就有了收拾整理的动力。简单地说，就是一定要让孩子意识到收拾整理的必要性。

辉辉是一个二年级的男孩，他活泼好动，喜欢搞小制作，却不爱收拾东西，书包、文具、玩具等到处乱扔。当然，他自己的衣物及其他用品也是到处扔，害得妈妈每天都要帮他收拾、帮他找。妈妈认为不能再让辉辉这样下去了，决定找机会让他意识到整理的必要性。

一个周末的上午，辉辉在家里搞手工制作，很多材料都找齐了，发现主要的工具——螺丝刀不见了，他急得像热锅上的蚂蚁。抽屉里、工具箱里、书包里找了个遍，还是不见螺丝刀的踪影，他几乎要抓狂了。妈妈劝他好好想想，上次用完螺丝刀放哪儿了，或者上次在哪里用过螺丝刀。

辉辉终于想起来，上次可能是在卧室用过螺丝刀，于是他急忙跑进卧室找起螺丝刀来，可是找来找去还是不见螺丝刀的影子，他几乎对找到螺丝刀不抱什么希望了。正在这时，妈妈走进来帮他找，妈妈拉开床垫看看螺丝刀是否掉在了床与墙壁之间的缝隙里，结果终于在这里发现了螺丝刀。找到了螺丝刀，辉辉高兴得跳起来，狠狠地在妈妈脸上亲了一口。

原来，上次辉辉搞完小制作时顺手把螺丝刀扔在了床上，而妈妈帮他收拾床铺时无意中把螺丝刀掉在了床和墙之间的缝隙里，这才导致了上述情况的发生。等辉辉做好小制作后，妈妈趁机劝辉辉把所有的工具放回工具箱里，把制作材料放入一个专用的小盒子里，辉辉这次爽快地答应了，因为这样做方便他下次使用，经过这次的事情，他对整理的必要性是深有体会了。

如果孩子不收拾东西或东西用过后随便乱扔，下次再找时就会非常困难，也很不方便；即使最后找到了，也要花费很多的时间和精力。只要孩子懂得了这个道理，或亲身体会到了这样做的不便，就能渐渐养成收拾和整理的习惯。因此，一定要让孩子从小养成随时收拾东西的习惯。

二、让孩子记得还原

一天造成的混乱通常都很容易处理掉，但是长时间积累起来的混乱却会让无序状态变得越发不可收拾。最好的方法是，让孩子记得还原。

还原，是秩序感的体现。家中的各种物件都要注意还原，比如，椅子推回原位，喝完水后要将杯子盖好，筷子要放到筷托上，这些都是孩子应该学会遵守的家庭惯例。如果孩子总是询问物件在什么地方，一会儿找不到剪刀了，一会儿找不到胶水了，一会儿找不到遥控器了，就说明孩子缺少还原意识。

有的父母说，自己也要求孩子这样做，但是成效不大，孩子总是记不住。遇到这种情况时，父母就要严格一些。

> 一位妈妈在半夜12点叫女儿还原物品，女儿抗议说："妈妈，能不能早点叫我收拾。"
>
> 妈妈说："不，下次我3点叫你来收拾。"
>
> 几天之后，女儿就做得很好了。

三、引导孩子做事有条理

要仔细观察一下孩子是怎样整理东西的，看看他们会不会分类摆放自己的东西，分好类的东西有没有摆放整齐？如果孩子的房间一团糟，大人根本就没办法落脚，父母就要努力帮助孩子改进了。

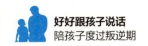
周日下午，磊磊写完作业后，刚准备出去玩，妈妈拉住了他，说要教他整理书包和文具。刚开始磊磊不乐意，妈妈耐心地给他讲了一番道理，告诉他学会整理的必要性，然后以有趣的提问方式一点一点地教磊磊整理书包和文具。比如，课本怎样放更方便取用，作业本怎样放不容易磨损，水彩笔怎样放不容易弄脏文具盒等。

磊磊在妈妈的启发下，几乎都给出了正确的答案，妈妈直夸他聪明，他也高兴得手舞足蹈。就这样，磊磊学会了整理自己的书包和文具，渐渐地，妈妈又教他整理其他日常用品，而磊磊也从中获得了益处。不到一个学期，磊磊基本上养成了自己收拾整理东西的习惯。

让孩子学会收拾和整理并不难，只不过大多数父母从来不把它当回事儿，认为没必要在这些小事上和孩子较真，有费口舌让孩子整理的时间，还不如自己动手效率高。这种想法是错误的。包办本该孩子做的事情，会在一定程度上削弱孩子在这方面的能力，不利于孩子养成做事有条理的习惯。

现在，很多家庭都有书房或书架，但他们的书架看起来跟杂货架似的，上面一摊，下面一摊。要想让孩子做到条理有序，就要从整理书房开始，让他们将自己的课本、工具书、杂志、父母的书，像图书馆一样做好分类，从大到小地整齐排列。

另外，平时要多给孩子准备一些收纳筐和收纳盒，放置内衣、袜子、玩具、文具、鞋子……有助于孩子条理性的培养。

记住，一切的家教都可以从家里的物件开始，桌子、椅子、盘子、碗、毛巾、衣服、书、笔，都是教育孩子的素材，都是培养孩子的工具，父母们一定要学会使用。

我要对你说

孩子到了一定年龄会和父母分房睡，拥有自己的"专属领地"，需要学会自己整理房间。把自己的玩具、书籍等分类放好，不仅会让房间看起来更加清爽，孩子的动手能力也能得到锻炼。此外，分类归纳物品，还能锻炼孩子的思维，有助于孩子的学习。

孩子迷恋短视频平台——制定规则，陪他一起玩

如今，很多孩子都刷抖音成瘾，或模仿视频里的夸张动作，或浓妆艳抹扭来扭去，或加数十个广告群、兼职群。抖音还被曝出平台上出现"我妈妈死了，能给我一个赞吗？"的直播短片，该短片形式还被多名未成年人模仿。虽然抖音已对相关视频做了下架处理，但也让不少父母谈"抖音"色变。

黄女士下班回家，发现自己9岁的女儿小雪浓妆艳抹，正在对着手机抛媚眼。

黄女士询问过后才知道，小雪是在学习抖音上的视频。

小雪嘴巴上涂着口红，翘着兰花指，随着手机里略显沧桑的男声扭来扭去，完全像变了个人，黄女士震惊不已。

黄女士觉得那些成人化的动作与女儿稚嫩的脸庞十分违和。

如今，越来越多的青少年沉迷于各种短视频软件中，其中不乏6~10岁的孩子。

之前曾发生几起因模仿抖音而发生的惨痛事故，比如，武汉的一位爸爸学抖音挑战高难度，失手致女儿脊柱严重受损；陕西西安一名男童因模仿抖音上"胶带粘门"的整人视频，导致6岁的弟弟绊倒摔伤；学抖音上的小姐姐浓妆艳抹的小女孩，故作成熟地说着"土味情话"……本该是天真烂漫的孩子，却因为不良导向的

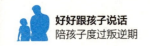
视频而失去童真。

短视频之所以受孩子们喜欢，主要原因是其内容新奇、种类繁多和轻松幽默。叛逆期的孩子好奇心较强，容易沉迷于手机不能自已。这些孩子之所以会这样，多半是因为缺乏有效陪伴，或家庭压力比较大，孩子被网络世界的宽松环境和无批判的氛围所吸引。

对于叛逆期的孩子来说，抖音仿佛打开了新世界的大门。在这里，有超酷的小哥哥、漂亮的小姐姐，还有很多新奇又好玩的东西，这是他们平时根本看不到的。相对于学习的枯燥乏味，抖音简直太神奇了。孩子们自然就会沉浸在形形色色的视频中。

> 玫玫是四年级学生，课间很活跃，搞笑的小表情和段子一个接着一个，可是上课却时常走神，作业也潦草应付，还时不时以头疼、身体不舒服为由请假回家。
>
> 玫玫的日常生活是这样的，早上一睁开眼睛，先去摸手机，然后赶紧刷最新的短视频，在床上咯咯笑着看上半个小时。洗脸、刷牙、上厕所，抖音也要放着。用她的话说就是，她需要来自抖音的力量。
>
> 请假回家也是在玩手机，刷抖音。抖音不刷够就不写作业，一旦父母干涉阻止，玫玫就扬言要"离家出走"。

叛逆期的孩子刷抖音成瘾，不能一味地将责任推给平台。因为孩子的自控力差，价值观也没完全成型，无法抵御网络上的诱惑。除了抖音要加强审核外，父母也要关注孩子的生活状态，适当进行干预，给予他们正确的教育和引导。

一、控制孩子玩手机的时间

如今，手机已经成为孩子日常生活学习的必需品，无论是打电话、查资料，还是上网课，都要用到它。可是，手机是把双刃剑，教孩子合理使用手机，是父母必修的课题。

虽然手机是父母出钱买的，孩子只有使用权，但既然给了孩子，就不能中途逼迫孩子交出来，否则只会激起孩子的叛逆心，影响亲子关系。所以，父母要先跟孩子说清楚如何正确使用手机，必要时再通过其他方式限制孩子玩手机的时间。

父母要和孩子一起分析玩手机、刷短视频的利弊，提高孩子的自我驱动力，让他们进行自我管理，引导孩子做好时间规划，将玩手机的时间控制在一定的时间内，到时间准时结束。

二、让孩子培养更多的兴趣爱好

一旦孩子对其他事物产生了兴趣，注意力就会从手机短视频中转移出来，还可以结交更多志同道合的朋友，让生活变得丰富多彩，孩子也就不会因为无聊而长时间沉浸在短视频里。

手机等电子产品，是辅助学习的工具，父母首先应接受孩子必须使用手机的现实。但为了让孩子将注意力从手机上移开，就要培养孩子的兴趣爱好，引导他们对生活中的其他事情感兴趣，比如旅游。在游览公园时，可以引导孩子用所学的知识观察花、草等植物，让其了解相关的种植方法，或者到动物园看某种小动物，了解其生活习性等，然后根据孩子的兴趣，为其准备相关的书籍或模型。

三、父母主动放下手机

孩子一个人待着无聊，就会学父母，拿起手机刷短视频。亲子交流的时间变得越来越少，时间都交给了手机。父母要多陪陪孩子，跟他们聊天，陪他们做游戏，看书读绘本，给孩子高质量的陪伴，减少手机使用时间。

1. 出门前。每天早晨，父母总是忙碌的，不仅要准备孩子上学的衣服、准备早餐、带孩子刷牙洗脸，还要帮忙检查作业本是否放进书包、给零花钱……在紧张的早晨，很多父母却喜欢抱着手机工作、聊天、看新闻，一看就是半小时，听到孩子起床了才跟着一起起床，然后匆忙为孩子准备必需品，催促孩子，出门时也紧张兮兮无法和孩子正常交流，偶尔还会忘记孩子交代的事情，孩子一整天的学习状态从早晨开始就被影响了。其实，要想为孩子安排家庭生活，父母要比孩子提早半小时起床，先处理好自己的事情，再为孩子妥当安排。

2. 下班回家时。有的孩子会向老师抱怨："我爸爸不爱我，他下班回家都在打电话，我喊他，只会告诉我'等'。"下班回家时，父母依旧手机不离手，所有的

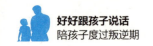
注意力都在手机上，注意不到身边渴望被你拥抱的孩子，孩子就会感到失望，误以为父母不爱他了，甚至觉得自己做错了什么，然后想入非非，直接影响第二天上学的状态。父母下班回家前，要立刻结束比较紧急的电话等交际，确保回家后能第一时间接收到孩子的爱，和孩子一起拥有一段亲子相处的时刻，专心陪伴孩子，增进彼此的感情。

3.孩子做作业时。每次孩子放学回家，总能带回来一大堆作业，因此孩子在家的时间多半都是在做作业中度过的。这时候父母看着手机坐在孩子身边监督，玩一会儿手机，"教育"孩子几句，很容易分散孩子的注意力，无法保证作业质量，造成孩子做作业磨蹭，一心两用。孩子一旦养成了这种坏习惯，考试时就无法专心，更别说顺利交卷了，成绩自然不如人意。父母可以挑一个比较远的位置监督孩子做作业，或干脆不出现在孩子面前，给孩子创造一个安静思考的环境，保证不在孩子的视线内玩手机。父母做个好榜样，孩子的学习才能越来越好。

4.睡前时间。睡觉前也是父母最爱玩手机的时间。如果父母自顾自地玩手机，要求孩子独自完成所有睡前准备工作，孩子会觉得明明家里有人，却感到十分孤独，没人疼爱。时间长了，孩子会变得敏感，不亲近家人，反而对外人更加亲近、交心，而这样的孩子也最容易上当受骗，受伤也在所难免。

所以，无论孩子年龄多大，当他准备入睡时，父母都应该放下手机，陪孩子一起洗漱，和他说会儿话，全心全意地陪着孩子入睡，给孩子足够的爱，让孩子不轻信他人。

我要对你说

叛逆期的孩子，三观尚未成熟，而在这个世界上，好玩的东西又太多，不是光远离短视频就万事大吉。更重要的是要帮助他们树立正确的价值观，教会孩子在网络世界里选择、判断和思考，建立自己的价值体系。孩子只有学会珍惜时间、相信知识的力量，才不会被网络迷住了眼，不会被一些娱乐工具牵着走。孩子们可以把短视频作为一种娱乐放松方式，但绝不能被其左右。

第六章

爱学乐学：
引导孩子养成好的学习习惯

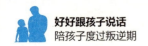
孩子不认真听讲——问问他问题出在哪儿

课堂是孩子学习文化知识最重要的渠道，课上如果不认真听讲，不跟着老师的思路走，听课效率就无法提高，学习成绩自然也就无从谈起。如果听课不认真，究竟该如何引导呢？

飞飞读三年级时，上课时总是出状况，爸爸不定期地会接到老师的电话。老师主要反映的是飞飞在课堂上的表现。他不是盯着窗外发呆，就是找同桌讲话，要不就是不停地摆弄着铅笔、尺子、书包肩带。这些表现严重影响了飞飞的学习成绩，老师也是苦恼不堪。

事实上飞飞在家里做功课的情况也不好，磨磨蹭蹭，一个小时的作业量，总要翻倍的时间才能完成，而且正确率也不高。爸爸问他：为什么上课不好好听讲？他就说老师讲得太快了，他听不懂。

爸爸对飞飞的这个状态真是又气又急。

现实中，像飞飞这样的孩子还有很多，比如，教室外只要有一点声响，就能将孩子的注意力从课堂中"带走"；只要同桌说一句悄悄话，孩子就会思绪万千……

对于自己为何不认真听讲，孩子总能给出很多的理由，比如不喜欢老师、听懂了不用再听、听了也没用……其实，这些都是孩子找的借口。尤其是叛逆期的孩子，更会以此为乐，张嘴就来。这时候，如果父母严厉斥责他们，孩子可能会更加不喜欢上课。

不认真听课，孩子就抓不住课堂重点，更无法理解和掌握知识；即使遇到需要特别注意的知识点，也会疏忽和遗漏。为了补上这些遗漏的知识点，孩子可能要花费更多的时间，获取知识的效率就会大大降低。不进行课后补救，课后作业不会做，不能及时巩固和消化知识点，新课又听不懂……周而复始，就会形成一个恶性循环。

小学一节课是40分钟，初高中一节课是45分钟，虽然短暂，却是掌握知识、理解知识、增长知识的重要环节。重视课堂，认真听课，就能出成绩。孩子的学习差距基本上都是从课堂听讲开始的，因此引导孩子养成上课认真听讲的习惯非常重要。

一、课前，提前做好准备

为了让孩子认真听课，课前就要做好准备，具体内容包括：

1. 生理准备。在课堂上，为了更快地理解和吸收知识，孩子需要不断地调动大脑来思考，因此大脑是否处于最佳状态关系着听课效率。要想让孩子的大脑在课堂上保持最佳状态，就要让孩子保证充足的睡眠和休息。要让孩子早睡早起，不熬夜，课间不做剧烈运动，午睡时间不要太长。保持良好的生理状态，让孩子的大脑处于兴奋状态。

2. 心理准备。不同的心理准备，会导致不同的课堂学习效率。比如，有的孩子一见老师进教室就分外高兴，盼望着课上能向老师多学点新知识，解决新问题。这种心理状态，必然会提高课堂的学习效率。

3. 物质准备。课前，要让孩子准备好上课需要用到的学习用具，比如书、笔记本、学习文具等。正式开始上课，才去找笔、找墨水、找书本，会将课堂时间白白浪费掉。如果老师正好讲到重点知识，而孩子忙着找东西没有听到，听课效率就会大大降低。

4. 知识准备。在老师正式讲课之前，要先让孩子独立地去了解即将要学的新知识，做到心中有数，改变被动学习的局面。最好是提前预习20分钟，这样课堂上孩子就能更快地进入学习状态，跟上老师的思路，提高听课效率，及时发现自己知识

上的薄弱点。

二、教给孩子正确的听课方法

课堂是学习的中心环节，只有保持专注力，才能提高学习效率。所以，父母要教给孩子一些高效听课的方法。

1. 目标听课法。目标听课法就是带着问题去听课。具体过程如下：将课前预习时不懂的问题记下来，上课时带着这些问题去听，目标明确、针对性强，效率极高。对于自己预习时已经弄懂的知识，课堂听一遍等于复习了一遍，可以加深印象；预习时，不懂的地方，要重点听、认真听、仔细听。如果课堂上没有听明白，还可以让孩子主动提问，让老师再讲，直到听懂为止。

2. 质疑听课法。质，是根据事实来问明或辨别是非；疑，是疑难或疑惑。从一定意义上来说，解决疑难、明辨是非的过程，就是获得知识的过程，知识的获得、能力的发展，都是在不断质疑中实现的。所以，父母要告诉孩子：听课时，对没有听懂的问题，要及时举手请教；如果不能打断老师，可以先记下来，下课后再向老师请教；对老师的讲解、同学的回答有不同看法，可以随时提出。这样，就能让孩子集中注意力，认真听讲。

3. 五到听课法。听课时，要让孩子将自己的耳、眼、口、手、脑等都充分调动动起来，多感觉器官并用，多个身体部位参与听课。

耳到：让孩子用耳朵听老师讲课，听同学的发言、提问，不要漏听，更不要错听；

眼到：让孩子用眼睛看课本，看老师的表情，看板书，看优秀同学的反应；

口到：让孩子张嘴表达，包括复述、朗读、回答问题等；

手到：让孩子用手做笔记，圈重点，写感想，做练习；

脑到：让孩子动脑筋，勤思考，集中注意力。

4. 符号助记法。不管孩子的记忆力如何，都不可能把老师讲的内容全部记住，必须将听课笔记充分利用起来。但是，无论孩子书写速度多快，都赶不上老师讲课的速度，这时候就要借助不同的符号来代表不同的意思。比如，重点语句，可以打着重号、画波浪线或加三角号；疑难问题，可以打问号。

三、鼓励孩子专心听课

如何才能做到专心听课呢？

1. 跟着老师走。有的孩子容易受外界环境影响而分散精力，有的孩子喜欢做小动作，比如玩学习用品、传字条、和好朋友交头接耳等。分散注意力，上课效率就会大大降低。因此，要想让孩子将注意力都集中在课堂上，就要排除干扰，全神贯注地听课。最好的办法是，让孩子的眼睛跟着老师走，注视老师，将注意力集中在老师所讲的内容上。

2. 积极思考。用心思考是提高听课效率的关键。在课堂上，孩子只听不思，既不做小动作，也不说话，一直注视着老师，表面上看起来似乎在认真听课，但是左耳朵进右耳朵出，一堂课下来，大脑里毫无印象。这种听课是被动的，效率很低，必须让孩子开动脑筋，认真思考，把知识点全部消化掉并记住，领会知识的内在联系，找出事物的发展规律。

3. 抓住重点。每节课开始5分钟左右，老师一般都会强调一下上节课的重点内容。这时候，即使是听过的内容，也要让孩子再听一遍。让孩子跟着老师的节奏，就能将前后两节课的知识点串联起来。如果孩子忙着收拾东西，无心听，就会错过提高学习质量与效率的时刻。此外，每节课都有自己的重点或难点，老师不可能反复提醒学生："这句话是重点，拿出红笔勾上。"对于老师强调或语气加重的地方，或者老师用"一、二、三"的方式列举的知识点，就要多关注，因为这些知识一般都是要点。

我要对你说

一块橡皮，可以看出孩子在学校有没有认真听课：如果橡皮已经不完整了，看起来被掰断过、有手指抠过的痕迹，上面还有铅笔、圆珠笔等留下的痕迹，说明这个孩子上课很喜欢开小差，还喜欢"蹂躏"橡皮，上课注意力不集中；如果橡皮明显被小刀切过、被折断过，上面还有孩子的"杰作"，比如，图画或者密密麻麻用笔头戳过的痕迹，说明孩子上课经常走神，老师上课讲课，他在玩自己的。

孩子学习马虎——将马虎的危害告诉他

下面这些话，很多人都听到过，或者自己也经常这样说：

我家孩子很聪明，就是有些粗心……

我家孩子上课时都能听懂，可做作业时，总是马虎……

孩子考试没考好，回到家告诉父母："题目我都会，就是粗心了……"

我家孩子聪明伶俐，就是马虎了点，大意了点，不是什么大事儿……这些话简直就是"毒药"，只能毁掉孩子。因为这些话的安慰，一路马虎下去，最后毁掉的孩子，更是不计其数。

小刚今年上五年级，活泼聪明，思维敏捷，父母也对孩子寄予厚望，可是不知道怎么回事，每次考试成绩都不理想，都是因为马虎出错，本来会做的题目，可以得满分的，结果总是要丢几分。

妈妈每天都要帮他检查作业，而且还总能查出错误来。一道题目，在家里会做，在学校就不会了；平时会做的，考试就错；难题会做，简单题做错。同一张试卷里同一个题目，前面计算结果写"85"，后面答案写"58"。

在学校写作业时，坐不到半个小时，便东张西望坐不住了。一会儿跟其他人说说话，一会儿借口去卫生间，出去溜达一圈。在家里，他更是匆匆忙忙地写完作业，不管对错，将笔一扔，便跑去看电视或出去玩。

满桌的课本、练习本、铅笔、橡皮等学习用品往往由妈妈来收拾整理，作业也是妈妈从头检查到尾，发现错误再叫他改正。而改错时，他常常一脸的不耐烦，直嚷："怎么改？"如批评他书写不认真，让他重写，则哭闹不止。

妈妈说不过他，心想只要正确就行，书写的好坏就不计较了。可是，孩子这个样子，该怎么教育？

态度决定一切，习惯成就未来！父母觉得孩子还小，只知道为他们提供帮助，没有让孩子成为学习的主人，孩子也不知道学习是自己分内的事，慢慢地，就会养成敷衍了事的习惯。叛逆期的孩子，更是如此。

孩子们认为，自己每天只要完成作业就行，至于检查作业、整理书包等都由妈妈负责……时间长了，孩子就会缺乏责任意识和动手能力。孩子对学习越来越不上心，父母就会感到越来越无力。

孩子写作业拖拖拉拉，不检查，做题喜欢跳步骤，这样不仅容易出错，按步骤得分时，孩子还容易吃亏……只要在平时的学习中孩子没养成好的学习习惯，孩子们就会出现上述情况。而想要纠正孩子粗心马虎的不良习惯，父母就要认真观察孩子平时学习或生活中的表现，找出导致孩子粗心的原因，然后针对具体原因，采取有效的措施。

一、马虎的表现

孩子学习和考试马虎，主要表现为以下几种：

1. 不专心听讲，作业漏洞百出。之所以会出现这种情况，多数都跟孩子的注意力、行为习惯和性格特点有关。比如，上课不认真听讲，以为自己都会，写作业时就掉这掉那；孩子只知道玩，写作业不认真，想立刻将作业写完，好腾出时间玩。

2. 一考试就马虎。有的孩子平时学习不马虎，一到考试就马虎，原因在于孩子

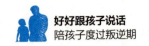
考试时感到紧张。只要看到会做的题目，就立刻做，不管对错，先填个答案；遇到稍难一点的题目，就着急，更容易出错。

二、让孩子端正态度

哪些情形说明孩子态度不端正呢？父母仔细观察孩子几天，如果他作业的错误率比较高，且经常出现那种把"3"看成"8"、把"太"写成"大"的情况；或者匆匆忙忙把作业糊弄完就去玩，不是看错条件，就是算出答案忘了写结果……就可以断定孩子学习态度不端正。孩子学习态度不端正，对学习没有责任心，不知道为什么学习，在没有父母监督的情况下，只想糊弄完。

如何纠正孩子的学习态度？学习态度不端正的孩子最明显的特征是，努力学习时，成绩还不错；一旦不用功，成绩就会下滑。这类孩子改变起来比较容易，只要唤醒他们的责任心，让他们明白学习是为了自己，不好好学习就不会有好前途即可。孩子明白了这个道理，再帮助孩子养成认真学习的习惯。

三、善待马虎的孩子

如果孩子已经意识到马虎是一种坏习惯且难以改正，不要对他们流露出厌烦等情绪，要告诉他们：马虎并不可怕，只要积极改正，做事就能慢慢变得认真起来。为了让孩子改掉马虎的坏习惯，可以试试以下几个小方法。

1.心理暗示法。每天做题前，让孩子在心里默念一遍："马虎，我一定要战胜你。请你永远远离我。"每天进行类似的积极自我暗示，孩子就能产生积极的行为；不断地做出积极的行为，就会养成积极做事的好习惯。

2.厌恶疗法。在写作业时，可以让孩子在手腕上套一根橡皮筋，马虎一次，自己就弹一次橡皮筋，让疼痛的感觉警告自己一定要仔细。

3.直面"粗心点"。所谓的"粗心点"就是孩子只在某一科目上马虎。面对这种情况，要先引导孩子找到"粗心点"，之后再做这个科目的题时，先让思维停顿三秒，然后再动笔。

4.熟能生巧法。如果做错某些题目是因为孩子马虎，可以让孩子重做一遍，熟悉题目后，就不容易出错了。

我 要 对 你 说

对于小学低年级的学生，学习上马虎的原因大多是生理和心理发育不健全，父母不用太着急。父母当下最应该做的是培养孩子做事严谨的态度和意识。有了这种态度和意识，即使他们现在由于能力所限还做不到尽善尽美，但随着年龄的增长，是可以成长为一个做事认真严谨的孩子的。

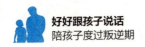
孩子总是逃课——让他将原因说出来

每一次上课铃声响起，若是班主任、年级主任或严格的老师上课，下面的学生就会安安静静地坐着。即使是学习成绩差、调皮的孩子，也会坐在座位上艰难地熬着。可是，如果遇到脾气比较温和、看上去比较柔弱或刚毕业的老师，部分孩子就开始看人下菜碟了，尤其是叛逆期的孩子。

无事可做时，他们会勉强给老师个面子，待在教室里睡睡觉；心血来潮时，直接旷课。在很多叛逆孩子的眼中，不敢逃课的同学都是懦夫，对乖乖学习或想逃课却不敢付诸行动的同学，甚至还会瞧不起。他们觉得自己这种逃课的行为特别帅。

一、孩子逃课的原因

对于叛逆期的孩子来说，只要逃课，免不了要被老师批评一顿，有时甚至还得请父母来学校。很多父母也伤透了脑筋，骂也骂了，打也打了，可孩子依然要逃课。怎么办？想要解决这个问题，父母首先要了解叛逆期孩子逃课的原因。

1.学习成绩差，为了逃避学业的压力，逃避老师的批评和父母的责怪。有些叛逆期的孩子之所以总是逃课，就是因为他们学习成绩差，产生了厌学情绪。在课堂上，他们听不懂老师讲的知识，会开小差，小声说话，扰乱课堂纪律，总是被老师批评。课上讲的内容一点都不会，与其坐在这里苦等，倒不如到街上闲逛来得自在。

2.被同学欺负，不敢告诉师长，只能逃课。有些叛逆期的孩子胆小怕事，为了避免被别人欺负，或者被勒索，就会逃课。这种情况在初中很常见，尤其是在一些普通中学。这样的孩子因为年少不经事，自己被欺负时，担心被恶势力打击报复而不敢告诉老师和父母，最后为了躲避不良社会青年的纠缠，只好逃课。

3. 父母给孩子的压力大，孩子无力应付，只能逃课。很多父母都"望子成龙"，对孩子提出极高的要求，孩子每天不仅要应付学校的功课，还要应对父母的"小灶"，要做很多课外作业。孩子的日程表被排得满满的，周六上午还要上补习班，下午要上钢琴课；周日上午上奥数班，下午还要学画画。孩子承受不了压力，只能逃课。

4. 受到社会不良风气的影响，沉迷于网络游戏而逃课。社会风气的好坏，不仅影响着整个国家的兴衰，也会影响青少年的成长。尤其是叛逆期的孩子正处于一个变化非常大的阶段，很容易受到外界的影响。信息社会，很多孩子都有手机，甚至比父母都玩得溜，很多信息都可以从网上获得。此外，电影、电视、电台等平台上也充斥着一些不良信息，而叛逆期的孩子分辨能力较差，很容易受到外界的诱惑而误入歧途。为了玩网络游戏，孩子就会逃课。

二、激发孩子的学习动机

学习，既不是父母的事情，也不是老师的事情，而是学生自己的事。父母可以好好跟孩子谈谈心、说说理想，帮他们树立正确的人生观、价值观，然后引导他们逐渐转变自己的学习动机，从"要我学"变成"我要学"。

1. 纯粹的兴趣。纯粹的兴趣，是最好的动机。兴趣不受任何外界因素的影响，能让叛逆期孩子的注意力集中在某个学科上。如果想判断孩子在某个领域有没有天赋，兴趣是第一标准。那么，如何培养孩子的兴趣呢？首先，孩子的兴趣跟遗传因素有一定的关系。其次，对孩子进行良好的环境启蒙，让孩子从小就熟悉与该兴趣相关的思维方法，并发展为特长。

2. 习惯性优秀。叛逆期的孩子可能对某个学科没有什么兴趣，但是很难接受自己考不好。换个说法，就是有点偶像包袱。"习惯性优秀"这个动机，跟遗传因素关系不大，更多是后天环境的影响。既然是"习惯性优秀"，就要让孩子长时间处于优秀的状态。因此，孩子在刚入学时，就会在各方面表现都比较突出，盼望得到

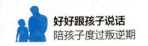
老师的青睐，得到同学的认可。这些孩子一般都会在学校里担任一定的职务，并且是班级里老师经常提到的正面人物。比如，

> "你们看×××听课多认真。"
> "你们看×××这次又考得这么好。"
> …………

长时间处于这种心理状态下，孩子就会让优秀成为习惯。一旦成绩有略微的下降，就会感到强烈的危机感，继而更加主动地学习。其实，多数优等生都是因为这个原因才主动学习的。

还有一个原因就是，孩子进入到新环境，比如转学、升学等，在新的老师、新的同学中，优等生的身份就会消失，孩子就会比较焦虑，也会非常努力。一旦重新夺回优等生身份，这种良性循环就会得以延续。如果周围同学都很强，再怎么努力也赶不上，叛逆期的孩子就会产生极强的挫败感，甚至会丧失学习的动力。

三、给孩子更多的关注和关爱

孩子经常逃课的一个原因，可能是缺少关注和关爱。父母平时忙于工作，无暇顾及孩子，对孩子关注得少，孩子觉得父母不关心自己、不爱自己，就会产生深深的被抛弃感。这时候，有些孩子就会觉得自己是多余的，是不被人关心的，就会破罐子破摔，喜欢逃课。因此，为了让孩子减少逃课的行为，就要给他们足够的关爱，多肯定孩子，发现孩子的长处。一旦孩子对自己有了信心，就能提高对学习的兴趣，端正学习态度。

1. 认真倾听孩子的心声，平等地与孩子交流。随着年龄的增长、知识的增加，孩子对事物也有了自己的见解，虽然他们的认知在大人看来可能比较幼稚、肤浅，但父母也要耐心倾听，并采取恰当的方法与他们交流。

2. 不要采取过于偏激的教育方式。每个叛逆期的孩子都会犯错，父母应耐心听取孩子的意见，帮助孩子分析犯错的原因，不能胡乱批评，更不能打骂孩子，否则孩子就容易产生逆反心理，甚至走向极端。

3. 关注孩子的心理感受。孩子考试成绩不理想，多数都会感到伤心难过，父母应该关注孩子的心理感受，不要挖苦和讽刺，应该跟孩子一起分析失利的原因。

我要对你说

叛逆期的孩子天真烂漫、精力充沛，父母应鼓励孩子积极参加一些有意义的活动。要引导孩子接触社会、接触大自然，给他们发挥自己特长的机会，让他们紧张的神经得以放松，变厌学为乐学。在这个过程中，还要引导孩子形成正确的人生观和学习态度，树立奋斗目标。

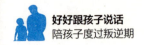

孩子学习偏科——将正确的学习方法教给他

在学生时代，很多孩子都偏科，无论怎样学都不行，最后只能放弃。初中偏科还好，如果是高中，就比较麻烦了。

今年刚上初一的芝芝，这几天正在为"参差不齐"的学习成绩而烦恼。在期中考试中，她的语文、数学、英语等学科的成绩都位列全班前10名，但物理却只考了30分，名列全班倒数第二。她感到很伤心、很无奈。父母以前还总夸她聪明，可现在他们却总责备她："你怎么这么笨啊！"这段时间，她瘦了一圈，经常无精打采，夜里还常常惊醒。

儿子期末考试数学100分，语文95分，英语才考了70分，全校700多人，如果不算英语成绩，他在学校排在前10名；可算上英语成绩，他却排到了200多名。

妈妈感到问题很严重，不想因为这一科影响了儿子的情绪，可是一时也想不出有效的办法。儿子平时喜欢数学，可以自觉地做很多题，可是让他看英语他就不爱看。

"偏科"是很多父母和孩子心中无法言说的痛，调查显示，小学阶段有20%的小学生存在偏科现象；初高中阶段偏科现象加重，比例达到70%。

偏科就像是学业上的"流行病"，会让孩子的成绩大受影响。那么，究竟哪些原因会让孩子偏科呢？比如孩子的兴趣、老师的教学风格、家庭因素等。不重视偏科问题，会对孩子造成负面影响。

很多父母都听过"语文学不好，以后数理化都读不懂题"这句话，不要觉得这句话夸大其词，如果孩子的理解能力跟不上，题目确实无法做对。无论学习哪门学科，首先都要理解它的意思，有时候看似是一字之差，其实差别巨大。特别是数学的应用题，更是如此。如果语文学不好，数学也很难学好。

要想纠正孩子的偏科，首先要引导孩子学会正确归因。把偏科原因归为外部的不可控因素，孩子就不会提高对学习的期待，少了改变偏科的动力。只有将偏科归因于内部的可控因素，孩子才能产生改变偏科的愿望。父母要与孩子一起分析偏科的危害和原因，然后采用针对性策略帮助孩子改善偏科问题。

一、帮助孩子认清偏科的危害

要让叛逆期的孩子懂得，小学和中学阶段特别是初中阶段，属于基础教育，只有学好各门功课，才能适应升学和就业的需要。单纯从高考的角度来讲，各科都必须均衡发展。若其中有一门学科冒尖，对提高总分更有利；但若有一门偏科，就会导致总分大幅度降低。

从就业的角度看，偏科不能适应工作和社会发展的需要。不管做什么工作，都需要多方面的知识，特别是在科学技术突飞猛进的今天，没有丰富的科学知识，就不能适应工作的需要。父母要让叛逆期的孩子懂得：各门课程的学习，在培养能力和发展智力的过程中，担负着不同的任务，不能互相代替；缺少了任何一门课程的学习，都不可能形成完整的知识结构，会影响未来的协调发展。

二、消除孩子对老师的个人看法

孩子如果不喜欢某位老师，抗拒上他的课，也会对此学科渐渐失去兴趣。

父母极力劝说孩子不要这样，要努力学习，要尊敬老师，但效果总是不尽如人意。如果父母站在老师的立场去教育孩子，还可能让孩子产生更强烈的反感。

当孩子对老师或学习有抗拒情绪时，父母不要否定孩子，应尝试从孩子的角度去理解他，去感受孩子的内心，引导他表达自己，帮助孩子释放情绪。只有孩子感

到自己被理解、被关心，情绪平复下来，才会换个角度去思考，才可能接受父母的引导。

叛逆期的孩子单纯、直接，喜欢就是喜欢，不喜欢也不会伪装。对于因为老师的原因引起的偏科，父母要引起重视，跟孩子好好谈谈。告诉孩子：学习不是给老师学的，更不能因为不喜欢某个老师，就不喜欢他所教授的课。因为个人情绪而厌恶某一学科，甚至放弃学习，是非常愚蠢和不理智的行为；同时，要让孩子积极和老师沟通，说出自己的想法，接受老师的纠正和帮助。

三、让孩子知道，学习是他自己的事情

在学生时代，遇到不喜欢的老师是不可避免的，孩子出现排斥、讨厌等情绪能理解，但学习是自己的事，父母要告诉孩子：你可以选择让成绩糟糕下去，也可以选择继续努力学习。

对于小学的孩子，父母可以通过讲故事或自身经历等，引导孩子找到解决之法。比如，告诉孩子，我小时候也遇到过这样的老师，有些同学由于讨厌老师而成绩下降，而我努力学习，让自己的成绩变得优秀，老师就没有机会惩罚了。后来，能够考上大学，幸亏当时能够认识到学习是自己的事情，是为自己学习。

对于初中或初中以上的孩子，父母可以和孩子讨论可以通过哪些努力让自己重新喜欢上某个学科，有什么方法可以改变目前的状态，让孩子为自己的学习负责，不能消极地任由情绪来影响学习。

如果孩子偏科严重，父母不妨在与孩子商量后，花点钱给孩子请一个孩子喜欢的家教或补习老师把落下的功课补上，以免孩子对某科产生畏难情绪。

我 要 对 你 说

要想解决孩子的偏科问题，不能求快，脚踏实地最重要。最简单的学习方法就是每天做一些这一学科的简单题目，掌握后再稍微加深一点难度，逐渐加深难度，周末和节假日也一定要坚持，直到孩子的成绩提高上来。从简单的题开始，孩子一般很容易接受，做会这些简单的题后，孩子会有一些满足感、成就感，慢慢地，他们会做的题越来越多，也会对这一学科更有兴趣。

第七章

积极社交：
协助孩子学会与人交往

孩子跟同学打架了——冷静处理，问清原委

孩子在学校和同学一起玩时产生矛盾与冲突，是再正常不过的事情。但每个孩子对待问题的态度都不一样，有的会回家告诉父母，有的会直接和老师说。

孩子间的冲突、纠纷有利于培养孩子的自我意识。正确对待同学之间的冲突，不仅有助于孩子形成良好的人际关系，培养孩子健全的人格，还有助于提高孩子处理问题、适应未来生活的能力。这也是孩子人生实践的一个重要组成部分。

前几天，杜女士被孩子的班主任叫到了学校，原因是她儿子与同学在学校里打架，结果一个脑袋上被打起个包，一个被踢到了肚子。

了解情况之后，杜女士和孩子同学的母亲立刻带着孩子先赶往医院，给孩子们检查一下身体是否有问题，很顺利地做完了检查，幸好没有什么大碍。

回到学校后，杜女士又被老师叫到办公室，老师的意思是看他们两家父母想怎么解决这件事情，因为这两个孩子打打闹闹已经不是一次两次了，老师也管过很多次，但是没有效果。老师这次有点生气，建议给孩子转学，或者父母私底下跟孩子商量一下，以后怎么不再发生类似的事情。

杜女士与孩子同学的母亲一起来到办公室外面，商量怎么解决。两家父母都比较理智，并没有互相埋怨和推卸责任，而是先让两个孩子互相道歉，握握手，然后让两个孩子互相商量着该怎么办，并把老师的意见转达给了两个孩子。

结果，两个孩子站在了同一条战线上，都不愿意转学和分开。两人在一起勾肩搭背地商量了一会儿，向他们保证以后再也不上课捣乱，不打架了，以后一定会成为好朋友，互相帮助，互相学习。

大人一看这样挺好，于是没再说什么，带着孩子又回到了办公室。两个孩子向老师道歉认错，保证再也不打架，不捣乱了，又再一次向父母保证。事情就这样圆满解决了。

其实，孩子在学校和同学打打闹闹，发生一些摩擦和矛盾很正常。因为孩子们的性格就是如此，父母小时候不也是这样度过的吗？而且很多同学之间的友谊也是通过这样的方式建立起来的。

孩子在成长的过程中与同伴发生冲突，在所难免。有时，孩子回家会说："我在学校，有人欺负我，还打我，我非常生气。"或者说："今天某某对我做什么了，他怎么样怎么样……"又或者是："我今天很不开心，怎样怎样……"

孩子在叛逆期出现打架行为，影响很大。不仅被打的一方要承受身心的伤害，影响学习，打架这件事本身也会对班级和学校造成恶劣的影响。这件事情首先要看学校的态度如何，看双方父母协商的结果如何。无论被打的学生受伤的程度如何，打人一方的父母都应该第一时间带孩子向受害者诚恳道歉，并积极协商后续赔偿事宜。尽可能将对受害者的伤害降到最低。

一、弄清事情的经过

听到孩子说被同学欺负了，不够冷静的父母可能会说以后他打你，你就打回去，不能吃亏。但是深入思考一下，教孩子用暴力解决问题，是不利于培养孩子解决问题的实际能力的。不同事情的性质不一样，父母要搞清楚：孩子是经常被欺负，还是偶尔发生点冲突？是什么性质的矛盾？不要立刻就给孩子出主意。

有的父母会立刻告诉老师，希望老师联系对方父母给个说法等。如果在这件事情发生时，把孩子气坏了，人格被侮辱，情节比较严重，就要将问题处理在萌芽状

态，不能让事态扩大。但是更多时候，同学之间的矛盾冲突都不严重，叛逆期的孩子虽然是非观不强，但也没有大恶的心。

孩子既然想跟你说，就是想跟你倾诉一下，说说这件事情，把事情的起因、经过、结果和委屈等说一说，说完后心里就舒服了，舒坦了以后也未必会去找这个同学。

父母要理解孩子，先让孩子把事情说清楚。情节比较严重的，该怎么处理就怎么处理，不能迁就。如果孩子不善于表达，父母可以模仿当时的情景，引导孩子把事情说清楚。如果还是说不清楚，可以及时联系班主任，更好地帮助孩子。

二、分析缘由

弄清楚事情的真相后，简单粗暴地给出意见，灌输"不能吃亏"的思想，会让孩子变得目中无人，受不了一点委屈；放到那儿不管，则会让孩子变得胆小懦弱；责怪孩子，例如："哎呀，你老是惹事，处理不好与同学之间的关系"，只能伤害孩子，以后孩子可能就不会跟你说他的心事了，即使心里有委屈，也不会跟你求助了。

父母要认真倾听，让孩子把委屈发泄出来，把事情说清楚，要给孩子表达的机会，让他们感觉你是支持他的、理解他的，然后再做出引导，一起将问题解决掉。父母应该成为孩子坚强的后盾。

孩子和同学或他人发生小摩擦、小冲突，父母不能笼统地一概而论，要分析问题，有针对性地解决。给孩子建议时，注意几句话："无论发生什么情况，我都理解你、支持你，但不会偏袒你。""与同学相处，先动手是不对的，应该有更好的处理方法。""你以后还想和他交朋友吗？妈妈相信你能处理好。"赋予孩子自主权，就能培养孩子解决问题的能力。

三、鼓励孩子正常交往

生活在班集体，会与各种各样的孩子相处，为了让孩子不断进步，有的父母经常会说这样的话："你不要跟某某一起玩，别影响你的学习。"父母最好不要这样说，否则容易给孩子戴上有色眼镜。有的孩子可能不是大树，但可能是鲜花，孩子的成长花期不同，父母要耐心静待花开。

某个同学虽然学习不好，但很多同学依然愿意跟他交朋友，说明他身上一定有吸引人的优点，不是一无是处，如果他什么都不好，你的孩子还跟他交朋友，说明你的孩子可能也有这方面的问题。跟有共同点的人做朋友，才能引起共鸣，相处起来也会比较舒服。

> **我 要 对 你 说**
>
> 　　很多父母看到孩子打人或者被打之后，第一反应就是："你怎么打人呢？你是坏孩子。""为什么只打你不打别人？一定是你不乖。"时间长了，孩子只会觉得自己不受尊重、不被信任，最后变成父母眼中"最不听话"的那一类孩子。很多时候，孩子打架纯属嬉戏，不考虑后果，如果没有人告诉他们对错，就会乐此不疲。父母必须告诉孩子恶意打人是不对的，必要时还可以"温柔反击"，让孩子明白，任何时候都要为自己的行为负责。

孩子不喜欢某位老师——帮助他调整对老师的认同感

当孩子满怀委屈地对你说，他不喜欢某位老师，并希望转学时，你会怎样回答呢？是火上浇油地斥责老师，还是苦口婆心地规劝孩子？抑或一气之下答应孩子为其转班或转学？

有一位学生写信求助：

> 我以前的英语老师很好也很喜欢我，我忘不了他。因为他我喜欢上英语，但是一换新的老师，我的英语成绩一落千丈，从以前的90多分到现在的60多分。我真的不知道怎么办，我就是不喜欢现在的老师，好希望还是以前的老师教我啊。

从小学到大学，换老师是很正常的事情。一般每学年就会有变动，但有的学校也可能因为教师临时有突发情况而在学期中间更换老师。虽然父母和学生都多少有些怨言，但培养孩子的适应能力也很重要。

我们一起看看这位母亲是怎么做的。

> 女儿刚上初中二年级时，对刚换的数学老师特别不适应，回家总和我唠叨：现在的数学老师远不如原来的老师讲得好，普通话也不标准。还学着老师说不标准的普通话。

我仔细地了解了一下孩子新来的数学老师，知道她是刚从外省市学校选拔上来的高级教师，教学成绩非常好，只是普通话有一些地方口音。我还在网上查到了新数学老师的一些荣誉资料。

吃饭时，我当着女儿的面，故意和老公说起数学老师获得的各种荣誉，培养了无数优秀的学生，讲课也非常出色。饭后还跟女儿一起看了网络上老师的成果。

女儿没说什么，但从表情上已经感觉到孩子比较崇拜这位新的数学老师了。此后，从女儿嘴里再也听不到对新数学老师反感的话了，相反，女儿说的都是新数学老师多么多么好，因为她已经适应了新数学老师的授课方式。

感情是需要培养的。孩子新换了老师因不适应而不喜欢时，父母要努力挖掘老师的优点，可以到学校做一些观察、调查，尽可能地多了解老师，然后把老师的这些长处告诉孩子，冲淡孩子对老师的不良印象。其次，还可以设法取得老师的帮助。

孩子的可塑性很强，如果能设法让新来的老师给予孩子一些"偏爱"，比如，批改作业详细一些，作业后面多一些批语，多给孩子一些表扬、鼓励或个别辅导等，孩子很快就能改变对新老师的看法。

老师对孩子的影响是巨大的，甚至是终生的。如果孩子喜欢他的老师，就会对这位老师所教的学科产生浓厚的兴趣，学起来也就得心应手，如有神助，充满了信心和欢乐。反之，如果孩子讨厌他的老师，就会对这位老师所教的学科有所排斥，表现为上课时精力不集中、做作业时草草了事、有不懂的问题时也从来不问老师。

抱着随便应付或被动的心态是很难取得好成绩的，长此以往，孩子就会陷入一个可怕的恶性循环中——成绩越差就越不想学；越不想学，成绩就越差。如果父母不明白这个道理，他们听到孩子说不喜欢自己的老师时，就会火冒三丈，觉得孩子受到了不公正待遇。

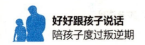

叛逆期的孩子还小，将来还会遇到各种各样的老师，通过对这种情况的处理，可以让孩子学会如何跟别人相处。

一、了解"不喜欢"的原因

针对孩子提出的问题，父母可以问："当老师严厉时，你的感觉是怎样的呢？你的心情是怎么样的呢？"孩子可能会告诉你："我觉得老师严厉让我感觉很不舒服。"这时父母可以说："换成我，我也会不舒服。"通过同理心和孩子建立良好的沟通关系，成为孩子心目中真正的朋友，然后再讨论问题时就容易得多了。

父母要和孩子深入分析不喜欢老师的原因，有的放矢，帮助孩子产生对老师的认同感。同时，要让孩子明白，我们是来听老师讲课的，学习是为了自己，只要老师的课讲得还不错，就不能"恨屋及乌"，连老师的课也不喜欢。

有这样一段谈话：

孩子：我讨厌刘老师。

妈妈：看起来你很生气。

孩子：是的，他在班上说我是垃圾，说我根本考不上高中。

妈妈：你对他说的这些话感到很气愤，觉得他说得不对？（强调是对老师说的话感到气愤，而不是对老师这个人）

孩子：是的，我在好好学了，虽然我分数不高，但是老师也不能这样说啊，他就是瞧不起我，针对我。

妈妈：你觉得是因为你分数不高，所以老师在针对你？

孩子：也不能这样说，主要是这次我上课说话被他抓到了。

妈妈：老师批评你，是因为你说话了？

孩子：是的。

孩子有些时候在叙述时，很容易非黑即白，当父母接纳孩子的情绪，然后引导孩子说话，孩子很容易看到自己的问题所在，这个时候再跟孩子讨论如何面对老师会更好一些。当孩子情绪不好时，是无法跳出自己的思维看到其自身问题的。

二、鼓励孩子尊师重教

首先，家长要教会孩子尊敬老师。家长要告诉孩子，老师是人不是神，和我们一样难免有缺点、犯错误。老师每天要面对很多同学和问题，可能会处理不当，也可能会误解某个同学，或者语气太严厉，伤了学生的自尊。如果你心里感到委屈，可以及时和老师交流，说出你的想法，但前提是你要尊重老师。

其次，家长要叮嘱孩子在老师的生日或节日，给老师送上祝福，特别是每年的教师节。可以是一句"老师辛苦了"，也可以是一段话；可以用面对面交流的方式，也可以打电话，或者发短信、微信，甚至是发邮件。形式不重要，重要的是心意。

最后，家长要多体谅老师工作的艰辛。不要在背地里说老师的坏话，即使孩子受到老师批评，家长觉得生气，也不要议论老师的好坏。

三、让孩子接受老师的不完美

每位孩子心目中都有一个完美的老师形象，同样每个家长心目中也有一个理想的老师形象。而老师面对几十个孩子和家长，没有七十二变的本领，也分身乏术。老师在孩子的心中不是那么的完美，需要孩子有一颗平常心，接受老师的不完美。

在《老师好》中，苗宛秋老师缺点很突出，刻板、保守、教条、一言堂等。这几乎是大多数老师的通病。但是就是这么一位缺点突出的老师，从刚开始被学生反感，到最后被学生接纳，原因何在？

教师并不是神，而是一个活生生的人。他们有着这样那样的缺点，学生多一点包容，更能激发出老师的激情。遇到严厉的老师，要让孩子心存感恩，多一点宽容。要告诉孩子，好的老师不光会表扬你，也会严格要求你。

我要对你说

哪怕是对老师的有些做法不理解，父母也不应该当着孩子的面对老师横加指责，或是简单否定老师的教育理念和管理方式。一旦老师在学生心中没了地位，老师的教育就会在孩子身上"失灵"，受损害的还是学生。

孩子喜欢插嘴——告诉他，打断他人谈话不礼貌

相信很多父母对这样的情形都不陌生：两个大人在讨论事情，孩子总在一旁插话，大人的谈话屡屡被孩子打断……这时，你难免会尴尬、火冒三丈。孩子这种没礼貌的行为确实让人感到烦恼，不过只要了解了他们的内心世界，你就会明白，孩子并不是故意想要打断你，这是由他们的叛逆期特征引起的。

周末，王女士带儿子一凡来同学家做客。小男孩很喜欢同学家的嘟嘟哥，两个小家伙开始时也玩得很好。

王女士跟闺蜜也乐得轻松，一边喝着咖啡一边聊着家常。说了没一会儿，一凡就凑了过来，时不时地插几句话打断她们。开始时王女士还回应他几句，到了后来场面就有点尴尬了，在一次次的打断下，她们的谈话根本就无法进行。无奈之下，王女士只能征得嘟嘟的同意，拿出了他的新乐高玩具，一凡的注意力才被成功转移。

"你家嘟嘟怎么这么好啊，从来不过来插话。"看着在一边陪一凡玩的嘟嘟，王女士一脸羡慕。

"他之前也是喜欢插嘴的，慢慢来。"然后，就讲起了嘟嘟的成长经历。

嘟嘟大概五岁时，好像突然解锁了语言技能，之前一直沉默寡言的他突然变得话非常多。当大人交谈时，他是一定要过来插几句话的。

刚开始时，我们还挺开心，觉得这个不爱讲话的小子终于开始懂得如何表达了。可是时间一长烦恼就来了，他会不分时间、地点、场合地打断别人的谈话。当然，我们也尴尬得要死，也有过几次当面制止他的情况，结果收效甚微。想想也是，一个沉默了许久的孩子，突然发现说话是一件有意思的事情，怎么可能停下来。

当谈话再次被打断时，我就温和地提醒他："亲爱的，你说的话妈妈都非常喜欢听，但是现在妈妈跟别人的谈话还没有结束，你把我们打断了，这样我们就会很难过。"

倾听是一种很好的能力。当孩子迫不及待地想要把自己得到的信息跟父母分享时，父母要做的不是打断他们，而是善意地提醒他们，把他们的话听完，然后再发表自己的意见。

要知道，一个懂得聆听的人，往往会更受欢迎。总结起来，孩子喜欢插嘴的原因主要有这样几个：

求表扬。有时孩子原本自己在玩，父母刚好抽空谈点儿事，谈着谈着，孩子可能突然跑过来说："你看你看，我的拼图。"其实，这都是孩子想要求表扬的表现，并非故意插话。

求关注。妈妈和几个阿姨在聊天，孩子总是时不时地拽一下妈妈的衣服，然后没头没脑地说一句："妈妈你看，我喝了一大杯水。"如果孩子缺少玩伴或与玩伴不熟悉，而父母又在和别人热聊，为了求得父母的关注，孩子就会故意打断谈话。

求参与。父母说到"工作计划"时，孩子突然冲过来说："小朋友去活动区做计划了。"妈妈"哦"了一声，继续和爸爸讨论。当说到"周二"时，孩子又冲过来拉着爸爸的裤腿大声说："周二我上舞蹈课。"显然，孩子是故意插话的，而且插得很有水平，说明他非常认真地倾听了父母的谈话，并努力捕捉到了自己可以参与的信息，反应特别迅速。

孩子打断大人的谈话，无非就是孩子好奇心强或希望得到外界的关注，除了让孩子闭嘴，父母其实可以按照以下的方式去解决这个问题。

一、正确引导孩子

对于孩子插嘴的行为，父母总是敷衍或者厉声地训斥，只会让孩子心中产生阴影，孩子甚至会因此不敢表达自己的意见。作为父母，应当正确引导和教导孩子。

父母要主动跟孩子沟通，让孩子了解打断别人的话不仅会让对方感到不适，还可能会给别人带来困扰，循序渐进之下，孩子自然会知道自己应该怎么做。

当孩子对大人的谈话内容提出疑问，或遇到困难求助时，千万不要因一时恼火而当着别人的面训斥孩子，否则就伤害了孩子的自尊心。可以跟孩子讲明，谈话结束后再解答；还可以再夸奖他一句："你真爱动脑筋！"这样孩子就会谅解。但事后一定要实现诺言，并教育孩子在别人谈话时不要随便打断，告诉他这样做是不礼貌的。

如果大人在闲聊时所谈及的内容使孩子产生共鸣，孩子因想表达自己的意见打断别人的谈话，父母不妨给孩子一个表现的机会，先征求与你交谈的对方的意见，然后让孩子参与进来。

不过，谈完话后应委婉地指出孩子刚才随便插话是不对的。这样，孩子的"表现欲"得到了满足，才会比较容易接受你的批评。

二、抓住时间，让孩子受到教育

叛逆期的孩子自我意识最强烈，习惯以自己为中心去思考这个世界，非常渴望他人的关注以及获得他人的认同。当大人沉浸在自己的谈话中时，很有可能会忽略孩子。而在孩子的眼中，自己根本就不是这个环境中的焦点，所以为了引起他人的注意，就会插嘴。

在其他人没有把话说完的情况下，孩子就急着发言打断，这个行为本身就是冲动的表现。如果父母不及时制止，孩子的这种冲动本能就会固化，对于他以后的成长产生重大影响。而没听完别人正在说的话就发言，也是缺乏耐心的表现。

父母要利用一切可以用来对孩子进行教育的机会，对孩子加以启发和诱导，特别要注意运用发生在孩子身边的事情来教育孩子，使孩子受到启迪和教育。例如：带孩子出去玩，看到别的孩子在其父母和别人讲话时不停地插嘴而受到批评，就可以问自己的孩子："刚才那个孩子做得对不对？为什么？你喜欢他吗？"让孩子从中受到教育。

三、鼓励孩子平时多表达

孩子想要表达自己的想法，这是他们思维逐渐成熟，独立意识开始觉醒的标志，是叛逆期的孩子在成长过程中的一个重要节点。所以当孩子有较为旺盛的表达欲望时，父母不要阻止，而是要给予一定的鼓励。

当然，随意打断大人谈话是一种不礼貌的行为，父母一定要约束孩子的这种行为，但也要给孩子表达的机会。比如，在谈话中，看到孩子有自己的想法，可以在别人不说话时，将话题引到孩子身上，让他们有表达的机会。这样他们就不会随意打断别人说话了。

其实，很多孩子爱插嘴，也是因为在日常生活中与父母没有进行有效的沟通，孩子不知道如何正确表达自己的想法。

父母在日常生活中应该多与孩子沟通交流，鼓励孩子正确表达自己的情绪。这样，孩子就不会通过插嘴来表达自己的想法了。

我要对你说

以自我为中心是很多孩子都具有的心理特点，当父母的关注点不在孩子身上时，他们就会感到被忽视、被冷落，希望用插话或做某些动作的方式引起父母的关注。孩子由于感到被忽视而插话，父母千万不要呵斥孩子。想要孩子不在大人说话时插话，首先要多关心孩子、关注孩子，让孩子了解你时刻都在关注着他，不需要通过插话的方式来吸引父母的注意；其次，大人在谈事情时，如果不想孩子插话，应该避免孩子在场，可以给孩子安排一些小任务，让他在自己的房间内完成，这样孩子就不会因无事可做而插话了。

孩子不想跟同学合作——鼓励他与他人合作，求同存异

人是"群居动物"，一个人的能力总是有限的。也许一个人可以凭借自己的力量有所成就，但和他人互帮互助才能获得更大的成功。因此，父母要从小培养孩子的合作精神。

卿卿很能干，刚满4岁就学会了自己穿衣吃饭，甚至还能帮妈妈做一些简单的家务。妈妈感到很自豪，但也隐隐有些担忧："孩子是不是有些过于独立？"

原来，卿卿在幼儿园时似乎缺少朋友，总是一个人玩，而原因正是卿卿什么都能自己做："我不想和宁宁一起拼积木。我一个人也能拼出城堡。""我自己会画画，不需要乐乐帮我涂色。""我会扣扣子，不用小明帮。"……时间长了，其他孩子就不敢跟他接触了。

孩子拥有独立意识固然不错，但如果孩子过于独立以致无法认识到合作的重要性，很容易让"独立"的优点变为"孤立"的缺点。只有在集体中才能生存，叛逆期的孩子也是如此，拥有合作精神才能更好地融入集体，更好地面对困难。

当孩子进入学校时，学校不会设立这方面的课程，老师也不会进行相关的培养，因此，在集体生活中，如果孩子缺乏合作的意识和能力，不懂得协商、分工、配合和交流，不会处理问题，只能向老师和父母告状，或者做出具有攻击性的行为。即使遇到困难，也只会等待帮助，而不会主动寻求同伴的帮助，通过合作来解决问题，更不会主动去为他人提供帮助。

现代社会分工很细，任何人都不可能是全才，要成功地办成一件事，往往离不开与他人的合作，有时候还要与几十人甚至上百人合作。与人建立良好的合作关系，是个人最重要的品质，需要相互尊重和理解，需要对人真正的宽容，需要做到有错认错。

从小就善于与人相处的孩子，长大后就容易有团队精神，有很强的合作能力；从小喜欢独处的孩子，不知道如何与别人交流合作，更缺乏与人合作的能力。所以，要使自己的孩子优秀，就要培养孩子与人合作的能力。为此，父母应多给孩子创造与人合作的机会，让孩子学会与人合作。

一、在家庭生活中培养

家庭生活中也能培养孩子的合作精神，比如，家人一起做饭，一起打扫卫生，一起购物，一起修理坏了的家电，一起制订旅行计划等。在家庭中，父母完全可以创造很多与孩子合作的机会。

　　女儿大概是从两岁多开始，就跟刘女士在厨房帮忙了，最开始就是帮她择菜。其实，女儿比较喜欢厨房里的东西，刘女士就利用她的兴趣来跟她一起合作做饭。

　　开始做饭之前，刘女士会先把今天要做什么饭、有什么流程说出来，然后就问老公和女儿，请问谁来蒸米饭？老公就把手高高举起，说："我。"其实这也是刘女士和老公提前约定的。为了给女儿做示范，刘女士又问："谁来择菜？"女儿就会高高举起手说："我。"就这样，女儿从择菜开始跟刘女士一起做饭，后来还可以帮她放调料，到了5岁就开始帮忙洗菜了，7岁时女儿就开始尝试自己做简单的菜了。

　　还有平时打扫卫生，刘女士也会把今天打扫的目标和重点说出来，然后一起合作完成。流程基本是，刘女士收拾整理东西，女儿拿着吸尘器

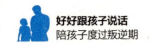
吸灰尘，老公跟在女儿后面拖地，这样很快就能完成一项工作，完成之后，大家会相互表示感谢。

每次去超市采购时，刘女士也会趁机寻求女儿的帮助。

刘女士会假装拎不动，让女儿帮忙拎，一开始她只是用手扶着袋子，并不能帮刘女士减轻重量，但是慢慢地，随着她的成长，力气也越来越大，就真的能帮着拿很多东西了。

每次帮刘女士拿东西时，她都像个小大人似的，问："妈妈，我力气大不大？"刘女士会说："大，比上一次拎的东西多了，说明你的力气又增加了，幸亏有你这个大力士，否则妈妈都拿不了这些东西。"

在家里，老公也会跟孩子一起合作。比如，一起修自行车，让孩子先观察哪里出了问题，然后一起想办法解决，在修的过程中，还可以让孩子选工具、递工具等。

每次合作之后，别忘记给孩子一个大大的鼓励，让孩子体会到合作的成就和乐趣。

二、让孩子学会悦纳别人

所谓悦纳别人，是指从内心深处真正地愿意接受别人。从实质上来讲，合作是双方长处的相辅相成，也是双方短处的短兵相接。有效合作的过程，彼此都能互相利用各自的优势和资源，弥补各自的不足，获得更大的好处。在这一过程中，对别人的接纳和欣赏非常重要。因此，必须让孩子认识到对方的长处，欣赏对方的长处，为合作奠定基础。

父母可以通过故事并结合自己的言行让孩子逐渐地明白每个人都各有所长、各有所短。比如，一本好书就是作者、画家和设计师通力合作之后的结果。让孩子明白，不要妒忌或轻视别人，也不要对自己失去信心，要善于互相利用彼此的长处，达到共同的目标，实现双赢。

三、让孩子感受合作的快乐

孩子在与同学的交往中，一旦感受到合作的快乐，就会产生继续合作的愿望，端正与人合作的态度。所以，父母应注意引导孩子感受合作的效果，体验合作的快乐，激发孩子进一步合作的内在动机，使合作行为更加稳定、自觉化。

在生活中，父母可以给孩子设置诸如此类的合作竞赛，让孩子们尽量通过合作去完成任务。如果孩子一时没有完成任务，也不要责怪他，应该让他明白，成功的合作不一定要达到期望的目标，但是，在合作过程中，参与者都尽力了。同时，只要每个参与者都感到非常愉悦，合作就是成功的。

例如，当孩子与人合作时，父母可以拿出事先准备好的相机拍摄下"友好的一幕""合作的成果"，尤其是引导孩子对这次合作的成功与上次的失败进行比较；然后针对前后两次孩子合作的不同结果，问问孩子：上次为什么失败？这次怎么成功的？引导孩子在实践中体会合作的快乐和必要性。

此外，父母还要对孩子合作后的结果给予恰当的肯定和激励。对合作不好的孩子给予指正鼓励，以免对合作伙伴产生不良情绪，从而打消继续合作的积极性。

总之，成功的合作可以让孩子获得良好的体验，这种体验能够带给孩子无穷的快乐，进而培养孩子的合作意识，并使孩子有意识地主动与他人展开合作。

我要对你说

有些孩子性格较为内向，不敢与他人交流，父母要循序渐进地引导孩子接触外界，不要过度逼迫孩子，更不可因此而责怪、打骂，甚至羞辱孩子。同时，集体活动分很多种，父母应给予孩子自主选择参与的权利，而不是全权为孩子安排。孩子不喜欢某项集体活动，参与的兴致会大大降低，难以起到教育孩子的作用，甚至会产生适得其反的效果。

下篇

父母不焦虑，
孩子心理更健康

第八章

好心态：
给孩子一颗强大的心

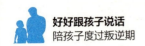

孩子不自信——鼓励孩子勇敢面对困难

儿童时期，孩子们通常都活得单纯洒脱，不太在乎美丑，不太关注别人对自己的评价。但进入叛逆期后，随着身体和心理的不断发育和成熟，孩子开始意识到自己与别人之间的差距。如果觉得自己不如别人，孩子就会变得不自信。

邻居家有个比较文静的小女孩，长相一般，身材微微有点胖。上了中学以后，看到周围的女同学都比较时尚，打扮得也很漂亮，慢慢地就开始关注自己的身材。

女孩觉得自己太胖，即使穿得再漂亮，也不好看。新学年第一节课时，老师让同学们上台做自我介绍。女孩往讲台走去的每一步，都觉得很艰难。她一直低着头走路，觉得全班同学都在看自己，都在嘲讽她的丑陋："同学看我的目光，一定像看稀有动物。"结果，站到讲台上，她的脸就红了；还没说话，就已经心跳加速……

案例中的女孩，身材微胖，她觉得自己不好看，站在讲台上很难受，其实是对自己不自信。这种自卑心理，让她觉得自己比不上别人，容易被同学嘲笑。其实，这种心理在叛逆期的孩子身上很普遍。

有个正上初二的女孩，特别喜欢穿新衣服，尤其喜欢看妈妈在朋友圈发的孩子臭美的照片。但最近妈妈开始苦恼起来了，自己给女儿买的颜色鲜亮、款式新颖的裙子，女儿连吊牌都没剪，更没穿过一次。

她问女儿为什么不穿，女孩给出的理由是，我个子矮，皮肤很黑，脸还有点婴儿肥，眼睛是单眼皮……这个样子，穿得再漂亮，也不搭。与其穿漂亮的衣服被同学嘲讽太丑，还不如天天穿校服，大家都一样，谁也不嘲笑谁。

教育家蒙台梭利曾经说过："一旦孩子内心有自卑感，孩子的生活就会充满冲突。而随之出现的胆怯、退缩等不良个性，则会与孩子形影不离。与之相反的是自信，自信使孩子能掌握或驾驭自己的行为。"在心理学上，自信是孩子对自身能力与价值的客观认识，是一种健康向上的心理品质，更是人格的重要组成部分。

自卑的孩子，会降低自我评价，瞧不起自己。这种孩子会对他人做出消极防御，比如嫉妒、猜疑、羞怯、孤僻、迁怒、自欺欺人、焦虑紧张、不安等。他们总是哀叹事事不如意，喜欢拿自己的弱点跟别人的长处比，越比越气馁。

更有甚者，只要当着别人的面，就面红耳赤，说不出话来；跟同学说话，就口吃结巴；朋友欺负自己，就认为他们是讨厌他……忽视了对孩子自卑情结的引导，孩子就会变得更加消沉，甚至走向极端。那么，该如何培养孩子的自信心呢？

一、发现孩子的闪光点

每个人都有长处和短处，要想让孩子自信，就要多发现孩子身上的闪光点，多关注孩子身上比别人家孩子优秀的一面，并给予认可与肯定。此外，还要引导孩子找平衡点，确立"天生我材必有用"的观念；要让孩子看到自己的优势和长处，并继续加强；与比自己强的人比较，看到自己的不足与短处，并鞭策自己进步。父母的一句肯定，可能就是孩子愈挫愈勇的动力。

有个心理学前辈讲过这样一个故事：

一个孩子听课不认真，总是扰乱课堂秩序，不是调皮捣蛋，就是欺负同学。爸妈非常着急，找到这位前辈做咨询。前辈了解情况后，让家长每

天回家做一件事：在孩子不在的时候，两个人一起讨论孩子的优点，时间为半小时；在这段时间里，要尽可能地挖掘孩子身上的优点，比如，早上自己起床了，没有让爸妈叫；吃饭的时候，把饭吃得很干净。结果，没用多长时间，奇迹就发生了：孩子的表现大大改观，越来越朝着好的方向发展，学习成绩也大大提高。

爸妈很欣喜，同时也很不解，到底是什么让孩子有了如此大的变化？前辈说，爸妈每天背着孩子讨论半小时，虽然孩子听不见，但是爸妈会越来越欣赏自己的孩子，看到孩子时会不自觉地表现出欣赏的样子。爸妈不断地这样练习，就会开始关注孩子的闪光点，不会盯着孩子的不足。

孩子觉得自己是好的，是被喜爱的，就会更加自信，自然就能朝着爸妈眼中自己的样子发展。

可见，父母一句认可鼓励的话，是孩子视若珍宝的礼物。

二、别让孩子压抑地生活

有个女生，小时候穿着新买的裙子在家转圈圈，爸爸看见了，说："真臭美。"听完，她回到房间默默地把裙子脱下了。结果，之后的十年里，朋友都没见她穿过裙子。

也许有人会觉得这不过是一句玩笑话，取个乐而已。但是，就是这样一句不经意的调侃，却能给孩子带来别样的心理感受，甚至让孩子失去自信，失去追求美的动力。

这些伴随孩子成长几十年的"心事"，统统源自大人当时的一句玩笑话。当时的父母也许不知道自己的每一句话都可能改变一个孩子的人生轨迹。爱美是一件很美好的事情，父母要告诉孩子：爱美一点都不臭，还很香。

我要对你说

　　有些孩子平时能说会道，但是只要遇到一点儿事情，就开始退缩。无论父母怎么说，孩子依然否定自己，说自己不敢、不会。这种孩子，内心深处其实是相当自卑的。和同学相处时，孩子看起来和别人很融洽，却没有主见，什么事都听别人的。遭受不公平待遇时，也不敢为自己据理力争。这样的孩子在外面厵，在家里横。这其实就是自卑无能的表现。作为父母，要加以引导。

孩子胆小——多鼓励，锻炼他的胆量

恐惧就是恐惧，这种情感来源于内心，跟生气和快乐一样，都很难从理性上进行抑制，因此父母不要将自己的关注点放在孩子害怕的事情上，要多关注孩子的心理感受。如果孩子胆小，就要多给他们鼓励。

峰峰今年13岁，性格内向，胆小怯懦。上课时虽然认真听讲，但只要一回答问题，就神情紧张，目光游离，说话结巴，急切地盼望老师赶快让他坐下。课堂讨论时，他也总是低着头，将课本举起来，遮住脸部，总盼望着老师和同学别注意到他，别人根本就无法看清他的表情。课间休息或课外活动时，其他同学都在嬉笑打闹，他却远远地坐着观望，默不作声，漠然视之。

是什么原因让峰峰形成了胆小怯懦的性格？原因主要有两个：一是父母脾气暴躁，平时很少与孩子交流，孩子犯了错误，只会简单粗暴处理，更不允许孩子在大人面前为自己辩解；二是父母对孩子学习的期望太高，缺少跟孩子的交流沟通，对孩子不够宽容，不懂得对孩子进行心理疏导。

有个9岁的男孩，家人最近发现，原本活泼外向的他居然变得非常胆小，只要一个人时就感到害怕。晚上他总是说害怕，不敢自己睡，父母陪着睡着后离开，他也会在中间醒来去找父母。

此外，男孩也不敢一个人坐电梯下楼找同学玩，不敢自己洗澡或去厕所。尤其是晚上更加严重，说怕黑，一定要把家里的灯都打开。家里人都很奇怪，明明性格大大咧咧的孩子，怎么突然就变得胆小了？

恐惧和害怕都是一种正常的情绪。恐惧情绪能够帮助人们避免危险，比如，看到凶恶的狗或起火等情况，害怕会让人远离这些危险的事物，以保证自身安全。

其实，生活中能让叛逆期的孩子害怕的事物有很多，可能是真实存在的事物，比如蛇、蜘蛛等可怕的动物，或者针头、刀等锐利的物品。也可能是一些孩子想象出来的事物，比如鬼魂、幽灵、怪物等。

面对未知的事物，人们都会感到害怕。孩子想象力虽然丰富，但由于认知发展的局限，有时他们难以区分现实和想象，很容易出现"怕黑""怕鬼"等情况。那么，怎样才能让叛逆期的孩子"大胆"起来呢？

一、不要对孩子太苛刻

父母对孩子苛刻，孩子无法达到父母的要求，就会产生逆反心理，反抗父母。虽然父母都希望自己的孩子成为优秀人才，都在孩子身上寄予了自己未完成的理想，可是，对孩子的期望过高，太过苛求，孩子自身的成长就会被忽视。

开始追求完美是孩子心理成长的表现，也是孩子拥有追求卓越、积极上进等美好品质的心理动力。在成长过程中，有些孩子会慢慢地接受不完美的事物，与自己内心对完美的渴求达成一个基本平衡；有些孩子却无法迈过这一步，只能不停地和自己较劲。更糟糕的情况是，在追求完美的过程中，孩子挫败感过于强烈而承受力又不足，只能自我放弃，具体的表现就是：对自己完全没要求，遇到困难就绕道走。

在成长过程中，孩子犯错是很正常的，父母的指责过于严厉，孩子便会开始怀疑自己，害怕自己犯错误。这时候，为了避免犯错，孩子就会尽可能地做得越少越好，话说得越少越好，于是越来越不敢表达自己，越来越胆小怕事。因此，为了让孩子胆子大一些，就不能苛责孩子，要给孩子自己处理问题的机会。

二、带着孩子走出去

知乎上有个热门话题：见过世面的孩子，有什么不一样？

最感动网友的回答，是一位父亲写给儿子乔巴的信：

> 孩子，只有见过世面，你才能适应各种生存环境，有能力在未来的生活里遇事不惊，泰然处之；
>
> 孩子，只有见过世面，你的眼里才会拥有更广阔的世界，才能带着包容与好奇之心走得更远；
>
> 孩子，只有见过世面，你才会领略更多的人生百态，懂得人生的意义对每个人来说本就不同；
>
> 终有一天，你将背起行囊渐行渐远，只愿远去的背影，宽容、自信、坚强而独立。

理论家托·富勒说："行路多者见识多。"对每个叛逆期的孩子来说，多走出去看看世界，欣赏不同的风景，接触不同的人，对未来会产生积极影响。

旅行，这件事情看起来似乎无关紧要，但也会让孩子在潜移默化中变得勇敢起来。奥古斯狄尼斯写道："世界是一本书，不旅行的人们只读了其中的一页。"父母要带孩子打开世界之书，即使没有太多时间，周末带孩子周边游，也能极大地拓宽孩子的眼界。

三、多陪孩子，尤其是爸爸

在教育孩子时，母亲通常比较容易按照女性的标准，要求孩子顺从听话。相对于母亲来说，父亲更加强壮、勇敢和果断。"爸爸"这个角色，本身就充满了保护感与安全感，可以给孩子巨大的心理支持和力量。

妈妈代表的是温柔，而爸爸是男子汉，是"勇敢"的化身，这种"粗犷"的教育，却能造就勇敢的孩子。比如，天气寒冷，妈妈担心孩子着凉，会禁止孩子进行户外活动。而爸爸可能会说："没事，寒风有什么可怕的，我们一起去堆雪人、打雪仗吧。"

随着自我意识迅速觉醒，叛逆期的孩子不再认为自己是孩子，有了强烈的独立参与社会活动的意识，不会再像以前那样崇拜母亲了。这时候，父亲就要主动承担起教育孩子的重任了。

爸爸带着孩子玩耍，更能锻炼孩子的胆量。要想让孩子长成阳光少年，就要让爸爸多参与孩子的教育。

我要对你说

孩子性格懦弱，不是短时间内能改变的，父母过于关注和急切，会给孩子传递一种负面信息，让孩子产生更大的压力。总是提醒他"别人打你要还手，要勇敢一些"，就会给孩子贴上一个"不勇敢"的标签，对孩子产生一种"你是一个不勇敢的人"的负面暗示。这样，需要勇敢时，他都要和自己的不勇敢做斗争，无法坦然处之，越紧张，越不勇敢。

孩子骄傲自大——告诉他人外有人，天外有天

叛逆期的孩子之所以会骄傲自大，是因为他们对自己还没有形成正确的认知，总是高估自己。

孩子骄傲自满，就会在他和别人之间形成一堵无形的墙，生活在自己的世界里。为了让孩子健康成长，父母要告诉孩子"人外有人，天外有天"。

文文今年12岁，马上要上初中了。成绩一向很不错，次次都是班级第一。但是他身边没有什么朋友，同学们都不喜欢和他玩。原因在于，文文不管随堂考还是期末考，只要成绩一出来就会向同学炫耀。这学期期末又考了全班第一，回家的路上他一直在说自己太棒了，别人都比不过他。

妈妈听了这话，真是喜忧参半。高兴的是，文文的成绩是不错。但更多的是担心，毕竟现在还只是刚上初中，未来的路还很长。初中、高中、大学，将来步入社会，都会人外有人，天外有天。

文文容易骄傲自满，妈妈真是替他以后担心。

孩子成绩很不错，确实是一件值得高兴的事情。孩子也会因为成绩好而有点小骄傲，这也是一种普遍现象。

但是，父母还是要加以引导，让孩子变得谦虚一点。因为，谦虚是每个孩子必须具备的基本品质。

人的一生是有限的，而知识却是无限的。即使再勤奋努力的人，也不可能在一生中学尽所有的知识，因此，任何人都没有权利拒绝学习和提高，也没有人可以骄傲。即使是一些中外著名的成功人士，一直到逝世的那天，依旧在不断地学习，努力提高自己。

骄傲自满的孩子虽然能取得一定的成绩，但往往没有远大的理想和志向，他们只满足于眼前取得的成绩；他们看不到别人的成绩，只会"坐井观天"；他们很难和同学友好相处，总是以高人一等的姿态对待别人；他们情绪不稳定，当人们不理睬他们时，他们就会感到沮丧；他们遇到失败和挫折时，会从骄傲走向悲观、自卑和自暴自弃，否定自己的一切，觉得自己不如别人。

当孩子出现骄傲自满情绪时，父母应该怎么做呢？

一、让孩子客观认识自己

有句古话叫"知人者智，自知者明"，意思是说，能了解、认识别人的人确实聪明，而能认识、了解自己的人才算真正有智慧。孩子也需要自我认识的能力，因为只有清楚地认识自己，才能正视自己的优缺点，才能客观地看待问题，才能不断进步。

小蒋回到家后，有点失落地对妈妈说："今天班上竞选班委了。"

妈妈问："结果怎么样？你参加了吗？"

小蒋有点后悔："没。"

"怎么不去试一试呢？这是个锻炼自己的好机会。"

"其实我想参加，可是竞选班委要上台发言，还要说出自己的优点、能胜任的理由之类的，我从来没想过自己有哪些优缺点，不知道该怎么说。"

听了小蒋的话，妈妈拿出一张纸，从中间对折了一下，对他说："现在你来思考一下，把自己的优点写在左边，缺点写在右边。"

大约20分钟后，小蒋完成了对自己的审视，满满一张纸上写的都是自己的优缺点，小蒋不禁说："原来我有这么多优缺点啊。"

　　妈妈说："对啊，每个人都有很多优缺点，只是大多数人不去了解自己，现在你知道该怎么做了吗？"

　　小蒋信心满满地说："知道了，我要发挥自己的长处，改掉缺点，争取下学期当班长。"

　　妈妈点点头，给了小蒋一个大大的拥抱。

　　在竞选班委的时候，小蒋不知道该说什么，原因是他根本不了解自己，不知道自己有哪些优点和缺点，事后在妈妈的帮助下，小蒋才对自己有了新的认识。

　　人生是一个不断认识自己、发掘自己潜力的过程，孩子学会正确地认识自己，意味着孩子能发现自己最擅长的地方，同时也能清晰地认识到自己在哪些方面有所不足，进而对不足的地方加以改进，不断完善自己、提升自己。

　　孩子出现自满情绪，多半都是因为高估了自己，认为自己比谁都强，只看到自己的长处，看不到自己的短处，拿自己的长处跟别人的短处比。他们都"以自我为中心"，想干什么就干什么，不会设身处地地为别人着想，父母应耐心地教导孩子，让孩子学会正确评价自己，既认识到自己的优点，也看到自己的不足。

二、表扬要适度

　　父母望子成龙心切，孩子稍微有点进步就欣喜若狂，赞不绝口，时间长了，必然会助长孩子的自满情绪。正确做法是：在表扬孩子时，要高度重视感情的作用，尽量做到"浓淡"适度，因为有时只要对孩子微微一笑，也能起到很多赞美之词无法起到的作用。同时，父母要尽量少在外人面前夸奖自己的孩子，因为孩子的自我评价能力还很差，看到大人肯定自己，会产生错误的认知，认为自己真的很优秀，从而产生自满情绪。

三、精神鼓励为主，物质奖励为辅

　　一位心理学家曾经做过这样一个实验：

　　心理学家挑出一些喜欢绘画的孩子分成两组。他跟第一组说："画得好就给奖赏。"然后跟第二组说："想看看你们的画。"结果，三个星期后，第一组的孩子大多不情愿主动绘画，兴趣明显降低；第二组的孩子却自始至终都在积极绘画。奖赏确实能强化孩子的某种良性行为，直接驱使他们去做某事，但是一味地用奖励去驱使，孩子就会渐渐地只对奖赏感兴趣，而对被奖行为失去兴趣。因此，完全可以多给孩子一些精神鼓励，而不是物质奖励。

精神激励孩子的方法有语言和行为两种，比如一个满意的微笑、一个赏识的眼神，就有可能让孩子铭记一辈子。举个例子：

有一天孩子心血来潮，想帮妈妈扫地刷碗，妈妈很高兴，想奖励孩子的行为，鼓励孩子再接再厉。这时候，该如何奖励？最好不要拿零花钱、零食等奖励孩子，可以用语言夸奖孩子，比如："知道帮妈妈分担家务，你很有责任心。""做家务时，你很认真细心。"也可以直接给孩子一个温暖的拥抱，告诉他："我很感动，我为你感到骄傲和自豪。"得到父母的认可，孩子以后做家务就会更卖力，也容易朝着父母期望的方向发展。

当然，给孩子精神奖励的方式还有很多，比如奖励孩子一次期待已久的旅行，全家人去看一场电影等，让孩子从奖励中获得精神层面的享受，获得层次更加丰富的体验。

我要对你说

现在大多数家庭只有一两个孩子，所以父母对孩子都特别宠溺，当孩子在某个方面取得一点进步时，父母就会欣喜若狂，赞不绝口。这在一定程度上会让孩子误以为自己做了特别了不起的事情，当溢美之词太多时就可能会让孩子错估自己，从而产生骄傲情绪。父母不能太惯自己的孩子。孩子一旦出现骄傲自满的情绪，父母一定要及时采用科学的方法来帮助他们消除骄傲自大的不良心态。

孩子陷入悲观情绪——正确培养乐观心态

生活具有不可控性，我们的未来充满未知，但正是这样的未知，让我们想要挑战和突破。

身心健康的孩子原本应该是乐观的、积极的，如果让悲观占据了孩子的身心，乐观就会随之消失，积极性也会渐渐消退。

可见，对于孩子来说，乐观的性格确实非常重要。

李女士的儿子8岁，正在上小学二年级，别看已经是个二年级的大孩子了，他依然是个"爱哭鬼"。平时在学校，只要一被老师批评，就会难过很久，一两天过去了还没从中缓过神来。如果考试失利，就更难办了，经常会在自己的房间里哭上一场，然后心情抑郁几天，任凭父母怎么哄都没有用。李女士从来没对孩子提过要求，可是一碰到挫折或失败，孩子就觉得天要塌下来了，紧张得不得了，李女士不知道如何是好。

在教育孩子时，父母一定要学会发现孩子行为背后的动机。李女士的孩子之所以会在考试失利、被老师批评之后出现很大的情绪波动，甚至一两天都没法缓过来，是因为孩子的内心太过悲观，把事情想得过于严重，没能很好地调节自己的心态和状态。

悲观心理，容易让孩子感到无助。悲观的孩子会把考试失利看得比天大，可是乐观的孩子对待这样的问题往往比较积极，对于反馈回来的信息，能够用积极的方式去处理，绝不会消极怠工。父母应该注意自己的教育方式，千万不能让孩子在自己的教育下变得悲观消极。

一、不要给孩子传递悲观情绪

很多父母生活压力特别大，面对孩子时，总会用一些特别消极的态度与孩子交流。这样，会把自己的坏情绪带给孩子，甚至让孩子在这种生活中产生负罪感，觉得都是因为自己才让父母这么累。孩子在这种观念的支配下，往往会变得非常焦虑，面对困难时甚至会产生轻生的念头。

多数父母都希望孩子能够替自己分担一些压力，甚至有些父母会绑架孩子的思想，如果自己有一件事情没有完成或无力完成，他们会将解决这件事情的希望全部放在孩子的身上。比如：

有些父母上学时没有考上理想的大学，会要求孩子朝这个方向努力，即使孩子非常厌恶。

有些父母会把生活的压力传递给自己的孩子，让孩子感受到同样的压力。

有些父母买房吃力，会将这份压力传递给孩子，让孩子在很小的时候就感受到买房的痛苦。

虽然多数父母的出发点是好的，都希望孩子从小就感受到生活的艰难，但是在这样的教育环境下，孩子只会变得非常悲观，遇到问题，也只会往坏的方面考虑。

二、让孩子在充满爱的家庭中成长

家庭是孩子的第一生活环境，也是孩子心灵的港湾，和谐温暖的家庭氛围有利于孩子的健康成长。父母要注意观察孩子的情绪变化，及时和孩子进行沟通，为孩子营造一个温馨的家庭氛围。

晓丽今年上五年级了，以前是个活泼开朗的孩子，现在却变得闷闷不乐。这和家里最近发生的事情有关。

父母感情一直不好，整日吵吵闹闹，晓丽也似乎习惯了这样的生活。可是这段时间，父母却提到了很敏感的离婚的问题。有天晚上，他们又开始大吵大闹，还说要不是因为孩子，早就离婚了，丝毫不顾及晓丽的感受。

晓丽感觉自己是多余的，是父母的麻烦。整个人变得无精打采，学习成绩直线下降。

父母之间的关系会影响孩子的情绪。父母亲密和谐、互敬互爱，孩子就会感到温馨和愉悦，心情也会随之开朗；父母关系不和谐，整日吵闹不休，则会给孩子带来压力和恐惧，影响孩子的身心健康。所以，父母要多为孩子考虑，让孩子在充满爱的家庭环境中成长，让孩子体验到家庭的温暖和安全感，慢慢消除消极情绪。

三、鼓励孩子多交朋友

现在的孩子多数都是独生子女，和外界接触较少，没有朋友，即使出现了消极情绪，也得不到及时排解。鼓励孩子交朋友，会让孩子觉得身心愉悦，既能联络彼此的感情，又能将自己的不良情绪合理释放。

倩倩今年8岁，朋友却很少。父母平时工作忙，很少和她沟通，自己在学习和生活上遇到的问题，都不知道该向谁寻求帮助。她心里感到压抑，看到别人有朋友很羡慕。父母发现了女儿的情绪变化，得知女儿是因为没有朋友而苦恼时，就鼓励她敞开心扉去和别人交流、交往。在父母的鼓励下，倩倩和班里的一个孩子建立起了良好的友谊，放学后她们一起做作业、一起玩。此后，倩倩的性格也开朗了很多。

父母要鼓励孩子多与同龄伙伴交往。为了引导孩子与他人融洽相处，可以邀请孩子的朋友来家里做客、玩游戏。孩子的心胸和视野开阔了，消极情绪自然也就容易消除了。

我要对你说

　　当孩子出现负面情绪时，可以借助转移注意力的方法来缓解，比如，孩子喜欢玩水，就提出建议，带孩子去海边或者游泳馆游泳。借助这个活动来转移孩子的负面情绪，等游泳结束后，悲观情绪也消解了很多，甚至完全消失了，孩子情绪平和后，再对孩子进行开导。

第九章

好性格：
适度放手，塑造孩子好性格

孩子太任性——关注孩子心理，拉近心理距离

进入叛逆期后，随着自我认知的进一步发展，孩子会更加一意孤行。对于自己所认定的某种观念和想法，无论成年人怎么劝说引导，都很难发生认知上的改变。

有个初三男孩执意要离开学校，回家学习，因为他觉得老师在课堂上的讲课空洞乏味。可是，回到家里，他并没有安心学习，而是迷上了玩手机。妈妈督促他写作业，男孩却提出了这样的要求：写作业可以，但是必须让他在手机上听歌。如果不让听歌，他就拒绝写作业。

叛逆期孩子的任性，往往表现在不服从父母的管教。父母的限制多次被孩子的蛮横和任性打破，任性的言行也就成了疯长的野草。如果父母对孩子的言行缺乏监督，没有制定有形无形的规矩，再加上父母没有发挥好表率作用，不知不觉，孩子就会养成任性的习惯。当孩子任性到极点时，学校里的惩戒措施，会直接引发师生矛盾。老师对任性的孩子，只能选择默默放弃。

任性是学习的敌人，在学习上任性、不守规矩、耐不住寂寞的孩子，会在人生的某个阶段，为自己年幼时的任性买单。当孩子因需求没有得到满足而倔强时，父母不要再一厢情愿地给孩子讲道理，要先用温柔的语言和肢体接触来安抚孩子，不管孩子的需求是否无理。

不要为了让孩子记住教训，以后再也不提不合理的要求，而拒绝拥抱沮丧、失落、倔强的孩子。因为，孩子并不会关注父母拒绝之后的行为，只会关注拒绝本身。也就是说，你的拒绝已经给孩子教训了。从情感宣泄的角度来讲，孩子遭到拒绝以后，不可避免地会感到沮丧和气愤。父母温柔的安慰和肢体的抚触，能给孩子安心的感觉，也有利于孩子负面情绪的宣泄。

一、打开"心理闭锁"

当父母与孩子意见不一致时，很多孩子第一反应是"爸妈不理解自己，不考虑自己的感受"，尤其是孩子的意见经常被忽视时。所以，在一定程度上，父母还是要尊重孩子的意见，不能让孩子觉得自己"不重要"。

否则，一旦孩子出现了这样的感受和想法，就会主动放弃，变成一个"被忽视"的孩子；或者会因为各种心理原因，不考虑外在条件，坚持自己的选择。所以，在这个时候，父母讲任何道理都没用。即使条件不允许，父母也必须考虑孩子的感受，不能直接拒绝，要先让孩子打开心扉。

当孩子想要坚持自己的意见时，不仅会在心理上排斥所有反对意见，在动作姿势上，也会采用"姿态凝固"，或者"双手环抱"的姿势。因此，要想打开孩子的"心理闭锁"，首先，要想办法让孩子改变姿势。最简单的做法就是，对孩子说："我们先把这个问题放一放，你坐到我面前来，让我听听你的真实想法，可以吗？"这个时候，孩子一定会走到离你更近的地方，拉近了你们的心理距离，打开了"心理闭锁"。

二、搭建心灵之桥

在心理学和谈判术中，有一种方法叫作"搭建心灵之桥"，即如果想说服一个人，得分两步，先到A，再到B，如同在同意和反对之间搭建一座桥梁一样。什么意思呢？首先，要完全接受对方的意见，拉近彼此的心理距离；然后，牵起他的手，走过这座桥，告诉他为什么不可以。

举个例子，如果孩子正在读初中，同学约他一起去喝酒，说是啤酒，不会醉。可是，你觉得初中生不能喝酒，即使是啤酒，也必须成年以后喝。

在这件事情上，孩子的想法是：1.啤酒不会醉；2.我不能不给同学面子；3.我是初中生了，可以喝酒。这时候，如果想说服孩子，可以先认同孩子的观点："爸

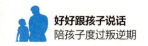
妈觉得，你说的都对。你已经长大了，能够对自己的行为负责，也能够分辨什么是应该的和不应该的。男孩子到了你这个年龄，可以适度喝啤酒。你有自己的朋友圈子，不能驳了人家的面子。"

你可以继续说："我们完全相信你，喝啤酒可以，最安全的喝法，是你和朋友都只喝一杯。孩子，你要懂得，男孩子喝酒绝对不是为了装酷耍帅或借酒消愁。爸妈相信你，爸妈更希望你和你的朋友都懂得这一点。你能保证你们都只喝一杯吗？爸妈对你完全信任，相信你是个有自己判断的孩子。你告诉爸妈，你相信他们会这样吗？"

你也可以这样说："孩子，拒绝是一种能力。如果你想喝酒，爸爸陪你喝。如果你想安慰朋友，我们再想办法。"

三、重视心理暗示的作用

为了让对方自觉地按照你的意愿来行动，可以用含蓄的、间接的方式，对别人的行为和心理施加影响。在心理学上，这就叫"暗示效应"。

如果孩子经常接触性格偏执的人就会变得很固执。因为别人偏执的行为，会对孩子造成负面的暗示：只要固执己见，就能获得自己想要的。让孩子脱离这种环境，更多地跟宽容的、平和的人交往，孩子就能接收到正面暗示，从而纠正自己的行为。慢慢地，孩子的固执、倔强也会有所缓解。

我要对你说

父母绝不能把孩子当成小皇帝，什么事情都听孩子的指挥。如果孩子对父母讲话总是用命令的口吻，即使孩子说的是对的，父母也要对孩子的不礼貌行为进行纠正。否则，时间久了孩子就会变得不尊重长辈，甚至开始骄傲自大。骄傲不仅会使孩子变得任性，还会让孩子变得目中无人。

孩子不自爱——引导孩子知耻而后勇

自爱是指爱护自己的身体，珍惜自己的名誉，是一种良好的心理状态，孩子虽然处于叛逆期，依然可以通过努力找到自己的人生价值，得到别人的尊重和认可。自尊始于知耻，知道什么是羞耻，才能明确说话办事的原则。这样，孩子们在做事之前才能深思熟虑。

在公交车上，曾看到过这样一幕：

一个男孩和一个女孩坐在座位上，搂抱在一起。男孩旁若无人地亲吻着女孩，女孩主动回应，持续了足足有10分钟。有的乘客投去不赞成的目光，有的乘客则将目光避开了他们，最后直到公交车到站，两人才相拥着离开。

看到这一幕，我着实感到震惊。虽然知道中学里存在早恋现象，但绝不会想到有这样的场景。

这个案例虽然有些极端，只发生在个别孩子身上，但依然值得我们警惕。

公交车是一种公共交通工具，是开放式的，他们的所作所为，周围有很多双眼睛看着，而两个孩子却毫不在意，该说他们胆大，还是该说他们肆无忌惮？抑或是有些不自爱。

叛逆期的孩子正处在身心发育的黄金期，各方面都在快速发展着，但对爱情的

认识还处于朦胧状态，单纯地认为哪个女孩长得漂亮、哪个男生长得帅气，两人在一起有聊不完的话，跟对方在一起，就是爱。于是，一旦确定了关系，两人就会形影不离，恨不得昭告天下。

其实，该阶段的男女生爱恋，只是一种心理上对异性的喜欢，他们对爱情的认识依然浅薄。家长一定要加强对孩子的教育和引导，告诉他们学生时代该如何处理好男女生关系。

美国心理学家麦克斯威尔说："人的所有行为、感情和举止，甚至才能，与其自我意向是一致的。"父母的爱和鼓励可以让孩子对自己多一份爱的认同，而这样的孩子，在面对人生道路上的艰难险阻时会披荆斩棘，成就最好的自己。因此，叛逆期的孩子不懂自爱，父母一定要对他们进行正面引导。

一、自爱的孩子，更懂得珍惜生命

网络上，曾出现过这样一则励志新闻：

来自江苏的独臂女孩小敏（化名）靠自己的努力年入百万，打动了很多人。

7岁时，小敏遭遇一场车祸，失去了左臂，但她并没有一蹶不振，反而更加爱自己。她对母亲说："既然我活下来了，就要更好地活着。"

小敏很珍惜这次的死里逃生，努力做复健，锻炼身体，在最短的时间里适应了一只手臂的生活，勤奋学习，考上了理想的大学，从事了自己喜欢的工作。

如今的她，经营着自己的花木生意，效益不错。

因为自爱，让从小遭受磨难的小敏更加珍爱自己的生命，勇敢迎接命运带给她的各种挑战。

英国政治家哈利法克斯在《杂感录》中说："自我热爱远非缺点，这种定义是恰当的。一个懂得恰如其分地热爱自己的人，一定能恰如其分地做好其他一切事情。"懂得爱自己的孩子，遇到挫折的时候，不会放弃自己的生命，因为他们明白，对自己好点，努力去实现自我价值，美好的明天一定会到来。

二、爱自己，相信我就是最好的

有个男孩文学造诣很深，在网络上发表了很多小说，还有作品出版。看到他挣了不菲的稿酬，朋友们都很羡慕他。其实早在他上学期间，在写作方面就表现出了极高的天赋，但其他学科却是短板。

为了让这个男孩顺利应对中考，父母和老师都劝他放弃写作，多花点精力在其他学科上，但男孩始终坚持为写作而努力。

为了实现自己的作家梦，高一时，男孩办理了退学手续。当时，很多老师都讽刺他："你不上学了，将来靠什么生活？"年轻气盛的男孩说："靠我的稿费啊！"老师们顿时大笑。

可是，老师的嘲笑并没有打击到男孩，他依然坚信自己可以成功，一如既往地坚持写作。如今，这个男孩早已取得了不错的成绩。

面对别人的冷嘲热讽，男孩从未放弃过自己，反而更加努力地去实现自己的价值，让他的人生大放光彩。

懂得爱自己的孩子，当被别人嘲笑的时候，会始终坚持自我，给自己搭建一个无坚不摧的精神世界。

三、认同孩子，不拿孩子与他人做比较

孩子们一般都不喜欢父母拿自己跟他人做比较，叛逆期的孩子更是如此。父母的比较会让孩子觉得自己不如人，对自己产生否定，比如：我就不如他做得好，怎么了！有些孩子甚至还会厌恶被父母选中的比较者，离他越来越远，甚至躲着走。因此，为了让孩子变得更自信，父母要减少这样的比较行为。

《在轮下》1946年获得诺贝尔文学奖，作者是黑塞。在这部小说中有一位浪漫不羁的人，他就是郝尔曼。他有着不凡的见识，不喜欢与人比较，追求自由，对自身充满自信，深受读者喜欢。其实，郝尔曼能如此自信，很大程度上源于妈妈的教导。

比如，邻居家的孩子总是考第一，妈妈没有对郝尔曼说："你应该向××学习。"面对郝尔曼，妈妈总是慈爱有加，她支持郝尔曼的兴趣，理解他。

在这样的教育下，郝尔曼从小就能不以世俗标准和外界评论来判定自己的价值，拥有强烈的自我认同感，能够听从自己的内心，更爱自己，可以无所顾忌地做自己喜欢的事情。郝尔曼的故事再一次告诉我们，不要总是拿自己的孩子与他人相比，要多认可孩子，让孩子认识真实的自我，体会到那种发自内心的快乐与满足。

我 要 对 你 说

　　仅喜欢自己还远远不够，父母还要告诉孩子，不能把自己的快乐建立在别人的痛苦之上。让人喜欢的人，不仅喜欢自己，也喜欢别人。因此，无论是只考虑自我喜好的唯我独尊的孩子，还是容易自我陶醉的自恋者，都不是真正喜欢自己的人，他们往往更容易陷入自己的私欲之中。

孩子不讲理——有技巧地和孩子说"不"

生活中，叛逆期的孩子总会提出各种"不合理"的要求，让父母难以招架。父母之所以不懂拒绝孩子，原因有二：一是担心拒绝孩子，孩子哭闹无法收场；二是父母希望与孩子成为最好的朋友，而最好的朋友之间很少说"不"。但是对于不讲理的孩子，必须使用一定的技巧，果断拒绝，否则后患无穷。

> 你这孩子怎么这么不懂事，说什么都不听。
>
> 说800遍也不听。我让你写作业，又不是要害你。
>
> 你还犟嘴？我说错了？说你多少遍了？听过一次吗？

相信，每个父母都对孩子大声吼过，都对孩子发过火。

父母试图改变孩子的想法、改变孩子的坏习惯，却发现孩子变得越来越叛逆，让父母有种无力感。

有一天晚饭后，妈妈和15岁的女儿闲聊，爸爸说话稍微重了一点，女儿居然穿上鞋子，连外套都没穿就摔门出去了。父母以为女儿只是下楼转转，很快就会回家。不承想，到了晚上11点多女儿还没回家，打电话问女儿的朋友和同学，也都说没有看见。父母急得不行，连夜请了很多亲人朋友出去找，一直找到快天亮了，才拖着疲惫的身体回家。打开女儿的房

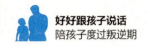
门，看到女儿躺在自己的床上，睡得正香。

幸亏，这个女孩没有真的离家出走，否则父母要后悔一辈子。

叛逆期，是孩子开始走向独立的第一步，但孩子见识有限，能力不足，还不具备完全独立的条件。因此，在孩子想独立而不被父母认可时，双方就容易产生矛盾。"不讲理"是叛逆期的孩子给父母的最大的感受，原本乖巧懂事的孩子，进入叛逆期后，突然就变得不讲理了，而且还特别倔强。

为什么父母的话很对，而孩子却不肯听？原因就在于：有的父母太爱讲道理，太执着于向孩子证明自己是对的。

很多父母在和孩子发生分歧的时候喜欢讲道理，背后的逻辑其实是：

我是长辈，我的经验比你丰富，我是正确的、权威的，你就得按我的要求做。这使孩子在沟通的时候，有极强的被控制感。对独立意识已经觉醒的叛逆期孩子来说，在这一点上，是很难让步的。

孩子就像一名站在父母对立面的辩论选手，即使强词夺理，也不会承认自己错了。而这场争吵也像辩论赛一样，最终也许会分出胜负，却难分出对错。所以，造成孩子不讲道理的核心原因，并不是事情的"对错"本身，而是沟通和理解上出了问题。

苏联教育家马卡连科曾说："人们时常说，我是母亲，我是父亲，一切都应让着孩子，为他牺牲一切，甚至牺牲自己的幸福，但这恐怕是父母送给孩子最可怕的礼物了。"面对孩子的无理要求，及时说"不"，是对孩子不良言行的拒绝和纠正，它可以帮助孩子明辨是非，培养他们的规则意识。

那么，怎样巧妙地拒绝孩子提出的不合理要求呢？

一、否定孩子的行为，不要否定孩子

叛逆期的孩子，都不希望被父母否定。因此，拒绝孩子的不合理要求，可以否定他们的行为，不能否定他们。

可以跟孩子说：

这样做不行哟！

这样做不可以呀！

吃这个肚子会疼的呦！

绝不能这样说：

你每次都这样！

说了多少遍了，怎么就是不改！

你这孩子老是这样任性，如此淘气！

父母可以否定孩子的行为，因为行为是比较好改、能够纠正的。当孩子发现自己的行为有误，并知道该怎样做才对以后，只要愿意改，就能改正。如果上来就给孩子的人格定了性，说他是什么样的人，就不太好办了。因为要改变一个人的人格非常不容易。

父母在说"不"的时候给孩子附赠一个标签，很容易激发孩子"我反正就这样了"的对抗心理，甚至逼得孩子破罐子破摔。

二、不要让孩子认为犯错误是可耻的

很多家长为了强调错误的严重性，总是跟孩子说："你犯了错误，是你不好，这样做给家长丢人。"

让孩子因为犯错而产生羞耻感，是很多家长的惯用招数，但这个方法之所以有效，是因为孩子在乎父母，也在乎自己在父母眼中的形象。一旦这种在乎变成父母要挟孩子的资本，孩子就会产生一种错误的社交模式：过度迎合和取悦自己在乎的人。

同样，孩子提出了无理要求，父母拒绝孩子的时候，一定不要认为他的要求是可耻的。叛逆期，孩子的生理和心理都已经发生了巨大变化，表现出了成年人的情感和独立感。他们不想被压迫，不想被威胁，做事易冲动，不考虑后果。让孩子觉得自己的要求是可耻的，他们也会变得更加叛逆、更加不懂事。

三、跟孩子交朋友

有的家长总觉得孩子做什么事情都应该听自己的，其实父母把自己放在一个制高点上，反而容易拉远亲子之间的距离。孩子提出了不合理要求，不要觉得孩子挑战自己的权威。孩子有自己的喜好和要求，是很正常的事情，这是他们认知能力提高的结果，家长可以用朋友的方式跟孩子相处，获得他们的信任。

家长和孩子成了朋友，孩子才愿意跟家长敞开心扉，当家长觉得孩子的要求不合理时，孩子才更愿意接受父母的拒绝或建议。

我要对你说

父母与孩子就像在玩一个围追堵截的游戏，父母已经设定好了障碍物所在的地方，孩子遇到阻碍，就会绕道而行，由于以前一直迁就孩子，所以他才会变得这么蛮不讲理。因此，要改变他，首先就是不能迁就他，把迁就这条路堵死，让孩子不再寄希望于此，那么他就不会蛮不讲理了。刚开始时，孩子肯定会闹得非常凶，不要理会他，冷处理，就是把孩子晾到一边，让他冷静下来，然后再跟他讲道理。

第十章

好品质：
正确引导，培养孩子优秀品质

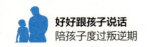
孩子过分自私——鼓励孩子与他人分享

叛逆期，只要在孩子心中埋下自私的种子，就会培养出自私、冷漠的孩子，既害了孩子，也害了父母自己。

缺乏爱心的教育是残缺的、不完整的，为了让孩子成为一个智商高、能力强、愿分享、懂关爱、热情洋溢的人，就要做个有心人，从小给予孩子爱的教育。

一位年轻的妈妈来信说：

我儿子今年10岁，最近变得越来越护食了，一点儿也不愿意与别人分享。前几天，儿子过生日，我特意给他买了很多好吃的，还带着他和姥姥姥爷一起去动物园玩。在游玩途中，姥姥感觉有点饿了，就问我儿子能不能给她点儿好吃的，结果我儿子把全部的食物抱得紧紧的，根本舍不得给。儿子的这一举动，弄得我也怪不好意思的。虽然孩子还小，但这种情况还是不应该出现。

与之相反：

搬入新小区后，没过半个月，我儿子就以迅雷不及掩耳之势跟小区的孩子们打成了一片。儿子决定带几个朋友回家"做客"，于是在一天傍晚，就带着几个新认识的朋友浩浩荡荡地进了家门。我感到很惊讶，问他这些朋友都是谁，他满怀豪气地说："这些都是我的新朋友。"然后，跑到冰箱前，一阵翻找，把家里能吃的东西几乎都拿出来了，一副要"款待"客人的样子。

其实，与上面那位妈妈有过同样尴尬经历的父母，大有人在。

为什么叛逆期的孩子喜欢"独霸"自己喜欢的东西？仔细研究就会发现，家人溺爱，缺乏同伴交往，是孩子喜欢"吃独食"的主要原因。

对叛逆期的孩子来说，愿意分享是一种美好的品质，是孩子都应该拥有的。在孩子的成长过程中，分享具有重要意义，既可以帮助孩子获得玩伴的信任，也能促进孩子语言表达能力的提高，还能帮助孩子找到与他人相处的方式方法。

愿意与他人分享的孩子，通常都能较好地解决交往中遇到的问题，他们会积极地帮助他人，为以后的社会交往奠定基础。相反，不愿意与人分享，喜欢独享，忽视他人的存在和需要的孩子必然是不合群的，即使在集体中也会感到孤独，无法很好地进行人际交往。

为了纠正叛逆期孩子的毛病，引导他们与人分享，父母可以按照以下的方式对孩子进行教育。

一、让孩子正确理解"分享"

与人分享，是每个人融入社会必须掌握的一项技能。懂得与人分享是一种良好的美德，所以父母要教育孩子与人分享，这样孩子在成长过程中，才能感受到分享的快乐。

心理学家发现，偏重利他但不利己的孩子，成年后的自我价值感一般较低，自信程度也较低。孩子成年后，要面对纷繁复杂的问题。只有让孩子正确理解分享，才能变得无私一些。

妈妈带着儿子去公园玩，儿子拿着变形金刚、飞机模型和卡车玩具玩耍时，几个男孩围了上来，想要一起玩玩具。儿子明显很抗拒：他将玩具抱在胸口并看向妈妈。他并不想和其他陌生人分享。

妈妈看儿子不乐意，便告诉他可以拒绝这些要求，"只要说不就好了"。但这个行为不仅遭到了几个男孩的"告状"，公园里的其他妈妈也对她投去厌恶的目光。

妈妈最后坚定了自己的教育理念——她告诉儿子：我们并非活在一个只要有人要求某件东西，你就得放弃的世界。

二、让孩子学会理解他人的情绪

首先，要激发孩子对他人情绪的理解力。研究表明，鼓励孩子思考自己的分享能给别人带来什么，孩子就会更慷慨；让孩子想象自己的自私会给其他孩子带来什么，也会让孩子更愿意分享。关键是父母要向孩子说明他人的感受，帮助孩子换位思考。比如，同学想要你家孩子的东西，你家孩子不愿意，就可以问问他："你觉得你不让那个朋友看你的××，他会是什么感受？"同时，还可以引导孩子去感受他人的情绪，比如，跟孩子说："你看，他看起来是不是有些伤心了？"在这个过程中，不要替孩子解决问题，要让孩子学会理解"他人的情绪"。

如果孩子觉察到了他人的情绪，说"他会很伤心"，父母就可以进一步询问："那你觉得可以怎么办？"这里，关键要引导孩子思考解决问题的方法，让孩子在分享或不分享中做出选择。如果孩子经过认真思考，依然不愿意分享，那就到此为止。父母要尊重孩子的决定，不要一厢情愿地给孩子贴上"自私"的标签。

三、培养孩子的物权意识

所谓物权意识，就是对一件物品的所有权的理解，比如，孩子知道家里的哪些物品属于父母，哪些物品属于自己。孩子的物权意识越强，对自己的东西越有安全感，越愿意分享。因此，父母要有意识地培养孩子的物权意识，越早越好。

为了帮孩子强化所有权的概念，平时跟孩子说话时，父母要注意强调"我的""我们的""他的""他们的"。可以有意识地对孩子说："这是妈妈给你买的，它属于你。"或者"这些物品都是你的，你要看护好，要负起责任。"这样，孩子就会得到极大的满足。

如果孩子在公共区域跟其他人共享物品，比如，在图书馆看绘本、在游乐园跟大家一起玩，父母就可以提前帮孩子搞清楚所有权和使用权的区别。可以跟孩子说："我们在这里看的书，跟家里的不一样，我们只能暂时在这里看一看，不能把这些书带走，也不能一直抱着一本书不放。"提前给孩子打好预防针，孩子才可能把图书让出去。

我要对你说

当孩子不愿意分享时，很多父母都会自然地替孩子做决定，并且强迫孩子根据大人的想法来行动。但是，叛逆期孩子的世界是单纯的，不像成年人。有时候父母要求孩子分享，可能是因为对方是亲戚朋友的孩子，不想丢了面子，又或者是领导的孩子，害怕领导生气。父母将成年人的思想强行灌输给孩子非常可怕，孩子没有必要为了你的面子和你的胆怯买单。父母也没有资格用孩子的快乐来换取旁人虚伪的一句评价："你家孩子真乖。"

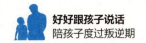

孩子爱撒谎——给孩子更多的自由和肯定

孩子喜欢撒谎，怎么办？

大宝上小学四年级，是个性格开朗的男孩。去年家里添了二宝，大宝对妹妹爱护有加，让家人很欣慰。

但最近妈妈发现大宝特别喜欢撒谎。

在没有二宝之前，大宝偶尔也会撒谎，妈妈以前总认为，孩子还小，等大一些就好了。不承想，孩子越大，撒谎越厉害。妈妈还自责，是否因为生了二宝，才造成大宝现在的不良习惯？

孩子喜欢撒谎究竟是什么原因呢？面对孩子撒谎，父母应该怎么办呢？妈妈觉得应该给孩子一些正确引导，及时纠正孩子的不良习惯。

有一次大宝陪二宝在客厅玩，因为米粥还有点烫，就摆在旁边的小桌子上，两个孩子玩得有点兴奋，大宝不小心踢到小桌子，把米粥打翻了。

妈妈从厨房冲出来，赶紧看二宝有没有被烫到，并不自觉地大声责问："是谁啊，这么不小心，烫到了怎么办？大宝，是你踢到小桌子了吗？"

大宝打死不承认，拼命说是妹妹不小心踢到的，还越说越委屈，大声哭起来。

虽然事发时，妈妈人在厨房，但因为担心孩子们的安全，眼角总是瞟着客厅的一举一动。妈妈很清楚，是大宝踢到了桌子。妈妈问是谁踢到的，是希望大宝主动承认错误。

大宝不但不承认错误，还把责任推给妹妹。

叛逆期的孩子之所以要撒谎，多半都是担心做错了事，会受到责骂或惩罚，不愿或不敢承认，怕承认错误后受到处罚。

在孩子的成长过程中，犯错在所难免。孩子犯错后，父母给予什么样的引导，决定着孩子是坦然接受，并下次改进，还是用撒谎来掩盖错误，逃避责任。如果孩子知道自己犯错后，有父母作为坚强的后盾，并帮助自己一起想办法解决问题，孩子就不会惧怕。如果孩子犯错后，父母只会责骂孩子，只能将孩子逼到撒谎的路上，并一发不可收拾。

父母看到孩子撒谎，不要小题大做，因为，说谎是孩子发育成长的一部分，与孩子的品质无关。加拿大多伦多大学儿童研究所曾对1200名2~17岁的儿童及少年进行了实验研究，最后发现：无论性别和国籍如何，2岁的孩子中，说谎的人约占20%；3岁的孩子中，说谎的人约占50%；4岁的孩子中，这个比例高达80%。年龄越大，比例越高，因为越大的孩子，越想逃避后果。

叛逆期的孩子知道，如果说真话，父母会有哪些反应，自己又会受到什么样的惩罚。他们逐渐学会了自我保护，除了逃避身体的惩罚或物品、机会被剥夺外，也懂得了如何保护自尊，继而形成了自我防卫性的反应——说谎。这类孩子为了达到某种目的，就会故意编造谎言，父母一定要重视。

当然，有些叛逆期的孩子也会为了获得父母的夸赞和好处而说谎。这时孩子撒谎的行为就是有意识的，父母要正确引导。

一、给孩子正面的教导

叛逆期的孩子撒谎，多半是为了逃避父母的责罚。比如，孩子考试分数不理想，就会偷偷将分数改掉，换个高分；自己把东西弄乱了，却撒谎说是别人做的……这些都是孩子保护自我的一种表现。

其实，撒谎对孩子来说，也是件不舒服的事情，他们会感到紧张、心理压力大等。如果说实话是安全的，他们多半都不会通过撒谎来逃避问题，所以父母要反思自己是否对孩子太过严厉了。如果事情已经发生，就要问问孩子，为什么这么怕对我说实话？然后，对孩子的紧张焦虑表示认同，并告诉孩子诚实守信的重要性，或主动承认自己犯的错误，给孩子鼓励和肯定。

通过这样的正面教导，孩子就会知道，下次发生同样的事情该如何做了。

二、耐心地引导孩子

有些孩子之所以说谎，是害怕父母发怒。他们本来也不想惹麻烦，更不希望看到父母难过，因此如果孩子确实撒谎了，父母要尽量控制自己的脾气，鼓励孩子说出真相。父母要告诉孩子，不要欺骗别人，因为你能骗到的人，都是相信你的人。

发现孩子有说谎的迹象，不要立刻对他一再追问，否则孩子可能会用新的谎言来遮掩先前的谎言，不但会进一步让孩子感到内疚和不安，也会让父母的情绪无法保持稳定。在这种情况下，最好直接告诉孩子你希望他怎么做，而不是和孩子进行"辩论"。

父母不仅要多一些耐心，还要给孩子信心，让孩子知道父母永远爱他，即使犯错，也要努力去改正，千万不要没头没脑地痛骂。

三、对孩子的惩罚不能太严厉

说谎，源于个人的自我防御机制。数据显示，普通人在10分钟的对话中平均会说3个谎，人们每天都生活在谎言之中。在成人的世界里，人们会将所说的谎言用各种理由合理化，既有好面子的，有白色谎言的，也有吹牛骗人的。既然父母每天都在说谎，为什么不能包容叛逆期的孩子的谎言呢？在孩子的认知世界里，他们也需要各种理由让自己的某些行为合理化。

其实，很多孩子都知道说谎不对，但还是会说谎，原因何在？因为他们惧怕承担后果。因此，知道孩子说谎了，父母不要严厉地责骂孩子，要对孩子们进行爱的教育并让他们承担后果。这样对待孩子，他们往往更容易接受、改正错误；使用过激的处理方法，只会让孩子更叛逆、更爱撒谎。

我要对你说

　　叛逆期的孩子撒谎，父母要学会控制自己的情绪，不然会让孩子受到很大的惊吓，导致孩子的心理出现很大的变化，最终只会让情况变得更糟。父母应该尊重自己的孩子，先找出说谎原因，然后再去解决问题，这样不仅可以解决孩子说谎的问题，还能促进亲子间的情感。发现孩子说谎，要正确引导孩子说出实情，并告诉孩子，虽然父母不希望他做错事，但更不希望他撒谎。孩子受到鼓舞，就能改掉说谎的毛病，逐步养成诚实的好习惯。

孩子忌妒心强——引导孩子全面认识自我

叛逆期的孩子都以自我为中心，高估自己的能力，面对挑战时，却不知道怎么办。时间长了，为了维持自己不会失败的形象，他们就会逃避困难，自欺欺人。

每个孩子都是独立的个体，具有独特的个性，父母引导孩子正确认识自己，孩子才能正确认识这个世界，客观、公正、准确地认识自己。

李妮在学校有个非常要好的朋友，她们无话不谈，课间总会在一起说说笑笑，打打闹闹，非常开心。但她们的成绩却有着很大的差距，甚至可以说根本不是一个等级的。

李妮是全班前三名，每次的表扬、奖励、榜样名单上都会有她，而她的朋友却与登榜无缘。李妮每次得到表扬都不敢表现出喜悦的心情，而是装作满不在乎的样子。因为她害怕朋友忌妒她的优秀而不再与她做朋友。

在李妮心里，学习成绩好不是优点反倒成了阻碍她与朋友好好相处的缺点。虽然李妮在朋友面前很小心、很低调，可还是没能消除朋友的忌妒。

一次，李妮数学考了100分，全班第一，而她的朋友小菲却没有及格。

小菲的妈妈和李妮妈妈还是同事关系，平时小菲妈妈就经常说：

"你看人家李妮学习这么好，什么都不用妈妈操心，你还跟人家是朋友呢，你跟她好好学学啊。"

经常被比较引起了小菲的忌妒。小菲开始不爱跟李妮讲话，还私下说李妮的坏话，怂恿其他好朋友也不跟李妮玩。

这让李妮很生气，于是在教室里和小菲大吵了一架。

友谊的小船说翻就翻，这都是忌妒心在作祟。叛逆期孩子的忌妒心要不得，父母必须引导他们克服掉。

进入叛逆期，孩子的自我意识开始萌发，特别希望得到别人的关注和喜欢，忌妒心就会由此产生。比如，在自己的圈子里，一旦发现有人抢了自己的风头，就会忌妒；朋友处处都比自己强，叛逆期的孩子无法做到心理平衡……很多孩子都出现过这种扭曲的心理。如果只是轻微的忌妒，短暂的不高兴后，孩子就不会放在心上了，反而能实现自我成长；如果忌妒心严重，孩子不开心，接受不了别人的优秀，甚至还会做出一些出格的行为，就会形成一种扭曲心理。父母不及时帮助孩子消除忌妒心，就会影响孩子的心理健康和未来发展。

一、了解孩子忌妒心强的原因

究竟是什么原因让孩子产生忌妒心呢？

1.来自外界的不正当评价。例如，父母经常在子女面前表扬其他孩子、老师以分数作为评定孩子好坏的标准、学生之间的比较等。如果孩子虚荣心强，就会时不时地想得到别人的注意，得到别人的赞扬，成为大家关注的焦点。

2.有些孩子有强烈的自尊心。孩子重视自己的面子，当别人表现得比自己好的时候，会觉得别人抢了自己的风头，继而产生忌妒心。因此，为了提高自己，他们就会想办法贬低别人。

3.孩子的个性缺陷。如今，多数孩子都是独生子女，被父母过度溺爱，凡事以自己为主，虚荣心强。一旦发现周围的人或曾经处于同一位置的人表现得比自己好，孩子就会立刻感到受到威胁或不公正的对待，想找机会发泄，导致无法适应的狭隘心理。

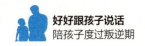

二、理解并慢慢纠正

孩子总是忌妒他人，就会变得心胸狭窄，少了容忍之心，甚至会记恨他人，走向罪恶的深渊。因此，为了让孩子保持身心健康，如果发现孩子有了忌妒心，就要给予足够的理解，并引导他们慢慢纠正。

比如，孩子忌妒同学长得漂亮，家长可以这样做：首先，告诉孩子有这种心理很正常，可以理解，因为你确实长相平平，漂亮的孩子往往更能给人留下好印象；接着，告诉孩子长相是天生的，好的长相只能暂时赢得他人的肯定，而丰富的学识，却能让一个人长期得到他人的认可和尊重。由此就能引导孩子将注意力从长相转移到学习上。

此外，对于叛逆期的孩子，父母还要引导他们进行自我反省，用良好的心态去面对比自己优秀的同学，客观地看待同学之间的友谊。面对比自己优秀的同学，要让他们少攀比、多学习。多学习对方的优点，不但不会产生忌妒心，还会让孩子变得更加优秀。

三、树立正确的竞争意识

有忌妒心的孩子，一般都争强好胜，父母要引导和教育孩子用自己的努力去同别人比。

竞争的出现，是为了找出差距，更快地进步和取长补短，不能让孩子用不正当、不光彩的手段去获取竞争的胜利，要把孩子的好胜心引向积极的方面。

6~12岁通常被认为是培养孩子竞争力的最佳时期，这期间孩子对各种竞争的结果特别敏感。父母应该鼓励孩子多参加集体活动，在班级、运动场上，参与到有竞争性的活动中。

1.培养孩子的胆识。胆识就是胆量与见识，有了胆量，孩子才敢于冒险，敢于迎难而上，开拓进取；有了见识，孩子才能增长见识，博学多才，了解现实，并驾驭现实。

2.孩子自由参加竞争。鼓励孩子参与某个竞争活动，并不是迫使孩子参与某个比赛项目或为某一团队效力。如果孩子不想参与竞争或喜欢另一个比赛项目，可以让他自己决定。在培养孩子竞争意识的过程中，应该让孩子明白，竞争不是狭隘的、自私的，应具有广阔的胸怀；竞争不是耍心眼和使用阴谋诡计，应该一起进步，以实力超越；竞争需要合作，没有良好的合作精神和集体观念，单枪匹马的强者是孤独的，也不易成功。在培养孩子的竞争意识时，要跟孩子讲正义与良知，让他们既有敢于竞争的勇气，也有恪守竞争道德和规则的涵养。

3.引导孩子公平竞争。培养孩子竞争意识的同时，要提高孩子的竞争道德水平。有些叛逆期的孩子认为，竞争就是不择手段地战胜对方，看对方的笑话。父母要让孩子认识到，健康的竞争关系应该有利于社会，有利于集体和他人；同学之间的竞争应有利于共同提高。

4.遇胜不骄，遇败不馁。在竞争活动中，孩子有可能崭露头角，获得名次，也有可能未成功出线，榜上无名。胜利时手舞足蹈，失败时灰心丧气，都是缺乏良好竞争意识的体现。父母要教育孩子，胜利了，不能飘飘然，要想到"一山更有一山高"，终点永远在前面；失败了，也不是世界末日，关键要找出失败的原因，确定努力的方向。

我要对你说

　　对于叛逆期的孩子来说，忌妒是一种很常见的心理。适当的忌妒心，甚至还是促进孩子不断进步的动力，家长不要大惊小怪，也不要认为孩子有了忌妒心就是品性恶劣、为人很坏，要用正确的态度面对这样的孩子。

第十一章

好情绪：
耐心疏导，培养孩子正面情绪

孩子抑郁——向孩子传递积极的情绪

叛逆期的孩子抑郁时，随着想法的改变，对很多事情的态度也会变得消极。例如，孩子平时某项运动做得不错，突然变得特别讨厌它，认为它是世界上最不好玩的运动。

抑郁的孩子无法在众多选择中做决定，因为他认为没有好的选择；有些孩子则会摆出一种无所谓的态度，甚至还可能产生自杀倾向，但真正去做的并不多。

有个女孩正在读初三，几个月前竟然因为割腕住进医院。出院后在家休养，不想上学，眼看中考无望。每天在家除了熬夜玩手机，就是做各种黑暗料理；把自己吃到撑，还要求妈妈也吃。妈妈无奈地向朋友吐槽："说实话，她做的那些东西，我吃了都怕中毒。但没办法，就这一个孩子，她没了，我们怎么办？"

他们夫妻俩文化水平不高，收入普通，很自卑，觉得在社会上没有地位，宁愿苛待自己，也不舍得让孩子受委屈。和很多父母一样，他们希望女儿考上好大学，将来出人头地。他们的期待听起来很"朴素"，也不稀奇，但充满着浓重的"自恋"意味。女儿出院后，父亲找一切机会加班，有点空余时间就出去跑步，尽量减少跟女儿见面的机会。一旦见了，看到孩子的各种跟学习无关的举动，他就想原地爆炸，无法自持。

抑郁症是很多孩子的梦魇，一生都摆脱不了。家长要认真观察，如果发现孩子出现了以下情况，就可能抑郁了：

睡眠不安。有抑郁倾向的孩子，一般都很难度过夜晚。如果孩子长时间失眠，一定正在被某些事情困扰。为了改善孩子的睡眠，在睡觉前完全可以跟孩子聊聊天，给他们提供一个说出心里话的机会。

拒绝吃饭。孩子厌食，往往是情绪出了问题，父母应认真对待。忽视了这个问题，就可能导致饮食紊乱。父母千万不要强迫孩子吃饭，要改变饭菜的种类，鼓励孩子帮你做饭……如果孩子在饮食方面的不良倾向持续了很长时间或体重减轻很多，就要及时去医院了。

病情反复。如果孩子嚷着肚子痛或头痛，但又没有任何相关的其他症状，可能就是精神紧张导致。

过度忧虑。如果孩子害怕所有的人和事，越感到软弱无助，害怕的东西就越多。

长时间压抑自己的情绪，会产生很多问题，比如：孩子会慢慢失去对自己内心的感知能力，整个人变得麻木，很难与别人达到情感上的共鸣，这种麻木会让叛逆期的孩子失去想要的亲密关系。

跟这样的孩子在一起，别人会觉得他是一个木头，根本就感受不到他内心的喜怒哀乐，之后会逐渐远离他。

表面上看起来，这种状态是一种生存之道，但是它却会阻碍孩子与别人的亲密表达与沟通。而且，这种情绪一旦积累多了，就会逐渐躯体化，以身体上的某种疾病的方式呈现出来；如果孩子不善于表达，就会将这种情绪压抑住。因此父母要关注孩子的内心感受，引导孩子畅所欲言。

孩子确诊抑郁，不仅要接受定期的药物治疗和心理辅导，父母还应该如何做呢？

一、了解抑郁的不同状态，区别对待

抑郁会导致孩子出现不同的状态，父母要区别对待。

1.容易疲劳，就保持生活规律。心情抑郁的孩子，更容易感到疲劳。为了让孩

子恢复体力，让孩子天天躺在床上，并不正确。在孩子能接受的情况下，最好让孩子生活规律。例如，白天睡眠太多，导致晚上无法入睡，就有些本末倒置了。

2.容易犯困，就要保持充足的睡眠。笔者建议，晚上11点到早上6点的睡眠，符合人体生理需求。同时，儿童的生长激素分泌高峰期在晚间11点到早上7点，因此要保证孩子在这一段时间有良好的睡眠。

3.饮食不合理，就要均衡饮食。孩子情绪抑郁，往往伴随有进食量不足或暴饮暴食等行为，两者都不可取。甜食，确实能在短期内改善个体的抑郁情绪，但是长时间来看，最好不要吃太多。

4.不要宅在家里，每天做点运动。运动，不仅可以增加身体的多巴胺分泌，还能增加个体的愉快体验。这里的运动要以有氧运动为主，例如羽毛球、乒乓球、游泳、骑自行车等。

二、父母的正确做法

孩子出现了抑郁症状，父母究竟该为孩子提供什么帮助呢？

1.不要指责。不仅是对孩子，也是对父母自身。任何个体心理或情绪问题的发生，都是多种因素共同作用的结果。情绪化地指责孩子，只会给孩子传递出一种"我不接受"的信息，不利于解决孩子的心理问题。

2.平等对待。要与孩子平等地交流，了解他们抑郁持续的时间和状态。如果持续时间超过两周，且严重影响了孩子的学习、生活时，要尽快带孩子去医院就诊。

3.理解和陪伴。家人的理解和陪伴是非常重要的，父母要理解孩子、陪伴孩子。为了引导孩子走出抑郁，父母要积极倾听。

4.给孩子安排一点任务。要想让孩子远离抑郁，就要给孩子布置一些小任务，让孩子感受到更多的"愉快感"和"成就感"。这些任务不用太大，可以很小。例如，每天练习一页毛笔字。父母要鼓励孩子尝试，准备一些奖励，并在精神上给予鼓励。

5.安排有趣的活动。孩子出现不良情绪后，可以带他们去旅游；日常生活中，也可以寻找有趣的活动。

三、管理好自己的情绪

生活中，很多父母都会忽视叛逆期孩子的抑郁。其实，孩子的抑郁背后往往都至少有一个情绪不稳定、抑郁和焦虑程度更甚于孩子的父母。而这个人，母亲的概率更大一些。因为很多女性长时间身处压力过大或不幸福的两性关系中，无法给出健康的母爱和进行精心养育，她们的情绪会影响孩子的健康。

孩子年龄越小，抵御危机和压力的能力越差，如果孩子长时间压力过大和过于疲劳，无论他们身处何地，都会变得越来越容易焦虑。大脑反复受到抑郁情绪的影响，只能依靠化学药品、互联网或电子游戏等来暂时逃避。

因此，只要意识到孩子有抑郁的倾向，就要第一时间和孩子聊聊他最近的感受，找到导致孩子抑郁的源头。叛逆期的孩子可塑性很强，对他们来说，只要不是严重的抑郁，在父母的关爱下，都能慢慢得到缓解。

父母平时要多向孩子传达积极乐观的情绪，多给孩子一些赞美和鼓励，多参加一些提升孩子自信心的活动；要有意识地关注孩子的心理状态，及时给出正确有效的帮助。如果孩子已经患上严重的抑郁症，就要带孩子到专业的心理治疗机构进行治疗，越早越好，以免耽误病情。

我要对你说

父母之间或与长辈之间对孩子疾病的治疗要达成共识，尤其是家里的老人，如果是在一起居住，父母要做一下长辈的思想工作，对抑郁的孩子采用一致的治疗方法，为孩子的康复营造最好的家庭环境。如果条件允许，还要跟同样患病的孩子父母建立联系，交流对疾病的认识、积极有效的康复措施、自己的感受等，相互帮助，提升认知、相互支持。

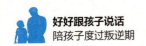

孩子气得想摔东西——不要迁怒于孩子

叛逆期的孩子很善变，也许上一刻还很开心，下一刻就会哭闹不止。孩子的情绪来得快，去得也快，父母要关注孩子的情绪，一旦孩子生气摔东西，父母就要立刻纠正。

小雅妈经常跟朋友诉苦，说她每天上班之前都要被女儿折磨一番。

妈妈每天7点叫小雅起床，陪她吃早饭，然后8点半出门上班，可女儿每天都不配合。刚起床时，小雅还没有发脾气，可一到吃早饭时，小雅便控制不住自己了，大吼大叫、乱扔东西。

开始时，妈妈以为是早饭不合胃口，于是她拿出了小雅最爱吃的小饼干，可小雅还是发脾气。之后，妈妈又在早饭时间播放了小雅最爱看的动画片，可这个方法也不奏效。渐渐地，妈妈失去了耐心，同时也有了挫败感，她认为女儿一定是讨厌妈妈，所以才冲自己发脾气。

妈妈决定每天提前出门，不让女儿看到自己。可后来，婆婆和老公告诉她，这个方法还是失败了，小雅哭闹得更厉害了。

发脾气，是负面情绪的表现，就像开心时孩子会哈哈大笑一样。但是，在很多人的认知里，负面的就是不好的，一般都不会接受负面情绪。同样，当孩子出现负面情绪时，他们也无法接受，于是很多父母只要一看到孩子发脾气、哭闹时，就会立刻制止。但事实证明，在不允许有负面情绪的家庭中长大的孩子，心理上往往都存在缺陷。

从本质上来说，孩子乱摔东西，并不是孩子不懂事，其实孩子也知道不能摔东西，但他无法用合适的方式来宣泄自己的情绪。因此，当孩子生气，想要发泄时，就会摔东西，将不良情绪发泄出去。如果不让他们这样做，他们就会找一个可以激怒父母的方式继续闹，比如吐口水、说脏话、动手打人等。

所以，如果父母想要让孩子不发脾气，首先就要接纳他们的负面情绪。

一、了解孩子生气的原因

叛逆期，很多父母都会感慨："孩子越大，脾气也越大了。"为什么孩子会发脾气？因为这个时期的孩子，大脑负责控制情绪的前额叶皮层的发展，不会像他们的身体一样快速成长发育，而是发育滞后，孩子们不容易控制自己的情绪。

再加上叛逆期的孩子，追求个性化，寻求自我价值，喜欢挑战已有的家庭价值观；他们有交往的需要，爱美，在乎同龄人的评价；随着身体的变化，他们想要进一步探索外部世界，但又不想被父母知道，还会撒谎。父母如果忽略了孩子的这些需求和变化，依然像对幼儿一样对待他们，他们的脾气就会像火山一样喷发。

此外，叛逆期的孩子之所以要摔东西，多半都是要引起父母的关注，渴望爱与帮助。

放学后，在距离学校不远的地方有几个同学厮打起来，四名同学每个同学都踢了安安一脚。安安感到力量悬殊，自己毫无还手之力，于是立刻逃走。回到家里，他心情沮丧烦闷，想好好跟妈妈说一下今天发生的事情。

妈妈在厨房里做晚餐，安安刚讲了一半，妈妈就责怪他说："我好忙，你就一直在外边招惹是非，学习也不上进，人家不踢你，踢谁啊？一定是你哪里做得不好。"

安安把后面要讲的话吞了回去，愤愤地回到了自己的房间，关上门，生起了闷气，他不明白今天发生的事，只是因为他把那个平时关系不

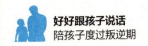

太好的同学桌子上的一摞书本碰倒后，桌上水杯里的水洒了，就发生了今天放学的这件事……他也道歉了，可他们就说他是故意这样做的……

那天晚上安安没有吃饭，妈妈又说了很多话，他一怒之下朝妈妈吼了几声，那晚特别不开心，第二天他跟妈妈说他不想上学，在家休息两天……

经过几次这样的事，安安越来越不自信，慢慢地，他觉得自己做什么都不对。

人际关系也越来越糟，甚至每科老师课堂上的提问，他都懒得回答，成绩也开始下滑，班主任几次找他谈话，他只是沉默，没有应答，这样的他在家里，也经常无端地发脾气，看谁都不顺眼，他不再想倾诉……

想想看，是愤怒可怕，还是关闭与父母爱的通道更可怕？

二、愤怒背后是爱与信心的匮乏

很多父母觉得孩子在发脾气，控制不住情绪时会变得很可怕。其实，愤怒本身就是一种情绪，其中还包含着一种自尊自重的力量，同时这种力量还能使父母改变。当孩子生气时，父母要理解这种行为背后的需求，即是为了引起父母的关注，还是希望父母以平静温和的态度与他交流，给他们提供爱的支持和帮助？

孩子生气摔东西时，父母唯一需要做的也许就是闭嘴，减少对孩子的打扰。可以主动给孩子一个拥抱，或安静地陪他一会儿，让孩子合理地表达愤怒，让愤怒适当地宣泄出来，引导孩子重新回到自爱和自重的状态。

孩子情绪缓和下来后，事情还没结束，要引导孩子说出自己的感受。这里，要坚持四个原则：不强迫、不评判、不下定义、不贴标签。为什么这么做？因为有时候孩子也需要有个台阶，而愿意表达情绪就是这个台阶。

如果孩子愿意说，父母就认真听，然后用开放式的问题引导他们说出自己的感受，比如："你的心情怎么样？""这样做，你感觉好点儿了吗？"不要把孩子的情绪定义为"不开心""生气""烦躁"等，然后耐心倾听。慢慢地，孩子的情绪就会平稳下来，无力感也会慢慢消失。

三、呼应并接纳，与孩子共情

父母要允许孩子有情绪，接纳他们的不开心，引导他们采用正确的方式宣泄不良情绪。

孩子处于叛逆期，遇事容易急躁，不懂情绪管理，这些都是正常现象。有些父母对孩子提出的要求很高，认为他们应该学会控制，不能发脾气。孩子无法正常表达情绪，遇到不开心的事情，强装着开心，只能将负面情绪都堆积在心里。时间长了，就会变得越来越不自信，越来越孤独，越来越抑郁。

父母尝试和孩子沟通，就能与孩子产生共情：

站在孩子的角度描述他的心情："刚才你一定是很生气，才会摔东西的吧？"

引导孩子说出摔东西的原因："你之所以要摔东西，是因为觉得妈妈哪里做错了吗？"

然后，跟孩子一起讨论解决问题的办法："你觉得现在应该怎么办呢？"

当孩子认识到自己的错误并愿意承担后果时，就可以到此为止了。

惩罚孩子的目的，就是要让孩子认识错误，承担责任。继续用惩罚的手段让孩子就范，跟孩子发脾气毫无差异。父母要做的，就是控制好自己的情绪，保护好孩子的幼小心灵。

我要对你说

如果孩子正在发脾气，为了避免正面冲突，父母可以先离开，让大家都冷静一下。等孩子的情绪稍微平复了一些，再和孩子坐下来好好谈谈。首先，应该告诉孩子，有什么需求或想法，可以通过语言表达出来。孩子通过摔东西来发泄情绪，父母一定要坚定地阻止，让他明白你的底线是什么。其次，可以引导孩子将心里话写出来，这也是一种释放情绪的好方法。

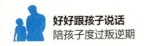
孩子情绪低落——不要让孩子产生罪恶感

近年来，孩子轻生的事件越来越多，青少年的情绪问题渐渐受到社会大众的关注。研究表明，三分之一的青少年都会出现一些明显的情绪困扰症。如果他们不能妥善处理这些困扰，学业表现和人际关系都会受到影响。

12岁的小娟最近的情绪比较低落。每天放学回家后，除了吃饭的时间，她都躲在房中，很少和父母聊天。她向来喜欢唱歌，但这段日子也不怎么感兴趣了。很明显，小娟有很强的失落感。

事情的起因是她的两位挚友都因家庭遇到经济问题，在不久前转学了。她们自一年级开始同班，由于兴趣相近，渐渐成了很要好的朋友。她们的离去，对小娟的打击很大。

起初，父母理解女儿失去挚友的心情，便安慰她说："好朋友会有很多，不要为这些小问题而烦恼。"可是，小娟的情绪一直没有好转。父母后来对女儿的表现实在不耐烦。当他们看到女儿的成绩大幅度下滑时，更是怒火中烧。

小娟对成绩的下降，没做什么解释。父母开始忍不住了，便责骂她不上进。妈妈说："你这两三个星期以来，都是苦着脸。你看，成绩又退步了这么多。你怎么可以为两个同学转校，便弄成这个样子。"这当然反映出妈妈的不满，但小娟听在心里，除了觉得妈妈不理解她外，实在于事无补。

妈妈后来找老师求助。在听了妈妈的话后，老师表示明白她的心情，但也指出，父母的不安已令他们做出了一些无助于解决女儿问题的行为。老师这番话，说出了母亲的心声。事实上，父母的厌烦、无助和恨铁不成钢，的确将他们对女儿的关怀转化成了排斥。

情绪低落是每个人都会遇到的问题，在叛逆期，这种情况更常见。当孩子情绪低落时，父母应该接纳孩子的感受。

但现实中，很多时候父母都会轻视困扰孩子的事情，例如，孩子会为朋友的一句话、老师对其他同学的称赞、失去一件小礼物等，情绪低落好几天。多数父母会说"你不要这般小气""有什么大不了""不要为鸡毛蒜皮的事而不开心"等，但在孩子看来，这些事情可能确实很重要。父母这些话，只会令孩子觉得父母不了解他们。因此，父母尽量不要说否定孩子感受的话。

叛逆期，孩子的情绪和大人没什么不同，只不过是高低起伏的频率比较大，表现得更明显一些。有的父母希望孩子永远开心幸福，但孩子总会遇到各种问题甚至挫折，孩子情绪低落，如果尝试鼓励还是无法让他们开心起来，就可以采用另外一种方式帮助孩子走出低谷。

性格决定命运。孩子遭遇挫折和打击时，如果能够用自己的力量重新站起来，距离成功也就不远了。叛逆期的孩子胜负心都很强，有时会因为玩游戏输了而哇哇大哭。要知道，对于孩子来说，遭遇挫折并不是什么坏事，孩子的自我恢复能力都很强，引导他们走出情绪低谷，远比父母的鼓励效果更好。

一、孩子因成绩差而失落，就让他们感受输的滋味

孩子因为成绩差而大哭或感到失落，父母不用太过自责，更不能故意让着他们，要让他们在学习中体会输的滋味，让他们早些感受挫败感。孩子的难过来得快去得也快，看到孩子成绩不好，父母不要故意逗他们开心，否则会让孩子对外人的鼓励产生依赖，觉得自己失败了就需要对方来哄。

二、孩子遭遇挫折而失落，可以用自己的故事开导他

孩子在学校遇到了难题或挫折，回家之后郁郁寡欢，父母就可以用自己的故事

来开导他们。这个时候，直接告诉他们解决方法，不一定是最好的，因为孩子的问题终究还是需要他们自己解决，他们最需要的是感同身受的理解。将发生在自己身上的事情告诉孩子，不仅能让孩子明白父母是理解他们的，更能让孩子觉得自己不是一个人。一旦孩子意识到父母也有过类似经历，就有信心和力量去解决问题了。

如果父母自己没有经历过，也可以讲一些人们都知道的名人故事，开启孩子的思维，让孩子思考自己的问题该怎么解决。

三、因换了新环境而失落，就要给孩子更多的陪伴

成长必然伴随着环境的变化，无论是搬家、转学等个别现象，还是升学等，孩子都要进入新环境，都要面临新挑战，都会产生巨大的压力。

对于叛逆期的孩子来说，最大的挑战就是搬家或转学，到了新的环境，多数孩子都会产生失落和抵触情绪。要知道，在新环境中孩子最熟悉的只有父母，父母要尽可能地陪伴孩子，赋予孩子们认识新朋友的力量。

孩子回家后，可以问一问他们，今天在新学校发生了什么有趣的事？当孩子说一些开心的事情时，父母要多鼓励，让孩子明白新环境并不是永远陌生的，等熟悉了之后，就会结交新朋友，遇到新鲜的事物。

父母要带领孩子走出低谷，不要用责备的语气指责孩子胆小懦弱，否则，不仅不利于问题的解决反而还会加重孩子的畏难情绪。

我 要 对 你 说

孩子情绪低落时，父母要接纳孩子的感受，不宜给孩子太多的安慰。很多父母都抱有误解，以为对孩子说"想开点吧""事情会好起来的""不要胡思乱想了"等安慰的话，他们的心情便会好些。父母的用心，无非是希望孩子不再苦恼，但事实上，孩子的心情是不会因这些安慰而立刻恢复过来的。支持孩子的最佳方法，就是耐心聆听他们的感受。父母应找时间和孩子私下谈谈，了解他们的心情。

孩子太脆弱——引导孩子不再"玻璃心"

　　心理学家调查证明，我国有31%的青少年，都有不同程度的"玻璃心"。遇到批评就不高兴，遇到挫折就逃避，遇到失败就承受不了……处于叛逆期的时候，很多孩子心理都比较脆弱，家长话稍微说重了，泪水就在眼眶里打转。当然，这还是轻的，有的孩子情绪无法控制，甚至会做出一些过激行为。

　　举两个例子：

　　周末，妈妈让已经上初二的女儿洗碗，结果等晚上吃饭的时候，拿碗盛饭，却发现碗根本就没洗干净，妈妈只好重洗了一遍。坐在餐桌边，妈妈开玩笑似的说："闺女，你今年几岁了？"女儿一脸茫然："13岁啊。"然后，妈妈拿起一只空碗："13岁？就洗的这？"女儿看着妈妈的神情，觉得妈妈是在笑自己，于是默默地低下头，眼眶很快就红了。

　　春节期间，男孩得到了很多压岁钱，妈妈想像往常一样给他保管，结果男孩却没给她。妈妈当着亲戚朋友的面说："怎么，马上就初中毕业了，感觉自己长大了，不让我管了！"男孩的脸立刻就红了。然后默默地走出门，半天都没回来，直到晚上吃饭时，家人才发现他不在。全家总动员，最终在一家网吧找到了他。

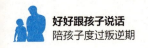

孩子的生活条件越来越好，为什么他们却越来越"玻璃心"了？

玻璃心，说白了，其实就是内心脆弱，他人不经意的一句话，都会让孩子们倍感屈辱，难以忍受。在叛逆期的孩子中，这种现象很普遍。只不过有些孩子表现得明显，有些孩子不太明显罢了。

众所周知，人的一生不可能一帆风顺，甚至可以说我们就是在挫折中慢慢长大的。然而，有些人面对挫折时能够愈挫愈勇，能够将挫折转化为前进的动力；而有些人却在挫折面前慢慢沉沦，最终被挫折击倒。这背后，就隐藏着一颗强大或脆弱的心。培养孩子的强大内心，是叛逆期教育中不可回避的重要一课。

一、了解孩子玻璃心的原因

叛逆期的孩子，为什么会玻璃心？

1. 安全感缺失。叛逆期的孩子都有对安全的渴望，他们心智不够成熟，虽然渴望独立，但对于父母有着物质上的依赖，内心往往处于顺从和斗争的矛盾中。因此，他们的情感会更加丰富和敏感，心理安全的需求更强，表现在行为上就是玻璃心。特别是从小缺乏父母陪伴和关爱的孩子，这种表现就会更加突出。

2. 自我认知产生偏差。自我认知强的孩子，对自己的能力都能做出正确评价。但是，叛逆期的很多孩子容易走上两个极端：一是过于自信，觉得自己无所不能，但只要看到别人比自己更强，就难以接受；二是过于自卑，总是怀疑自己的能力，不相信自己可以做好，在其他人面前表现得畏首畏尾。两种极端的心理状态，会让孩子过于在乎他人的评价。

3. 突发事件影响。孩子进入叛逆期以后，会对自己的变化感到困惑，会产生不同的心理反应。比如，出现了第二性征，有的孩子可能会感到难为情，导致过于敏感不自信。有的孩子受到外在因素的影响，比如校园欺凌、父母关系不和等，孩子会性情大变，无法承受压力。

4. 父母的溺爱。父母将孩子视为掌上明珠，对孩子的一切行为都会予以表扬和称赞。有些父母的表扬甚至毫无原则可言，即使是很平常的举动，也要大肆赞扬。在这种氛围下成长起来的孩子，缺乏承受挫折的能力，缺少被批评的经历，进入叛逆期后，随着心理的逐渐成熟，一旦被他人批评，心理上会难以接受。

二、不要让孩子太看重自己

叛逆期的孩子，一般都比较自我，已经有了自己的想法，甚至觉得自己是正确的，他人都是错的。一旦他人表现出对他们的不认可或不满意，他们就会觉得心里不好受。

做事的时候，孩子总是小心翼翼的，希望自己能够把事情做好。或者总是觉得自己对其他人非常重要，如果自己出了差错，这个世界似乎就会乱套。其实，世界很大，离开任何一人，都能正常运转。将自己看得太重，会让孩子钻进自负的牛角尖，继而变得郁郁不得志。

每个叛逆期的孩子都是普通人，没有谁是特别重要的，也没有谁是可以被忽略的。无论是在家里还是学校里，都要让孩子明白自己的位置，做好该做的事情就行。对于这类孩子，父母要告诉他们：不要过于看重自己，也不要过于看重事情的结果。

三、让孩子早试错

想让叛逆期的孩子不那么玻璃心，当他们感情用事的时候，父母要多一点理性，尽早让孩子接受试错教育，并且越早越好。

在保证安全的前提下，可以让孩子做一些可以做的决策，让他们知道：在自己做决定的真实世界里，每个决策可能带来什么样的后果，应该怎么做才是正确的。

此外，还要让孩子去处理生活上的一些事情，让他们自己的事情自己做，鼓励他们尝试没有做过的事情，让孩子去独立生活，去经历各种失败，与挫折"交手"。这时，家长只要鼓励孩子，让他们摆正心态即可。

> **我要对你说**
>
> 很多孩子的玻璃心，源于对他人评价的过分在意，听到别人夸奖，心里就乐开了花；被别人批评，就急得跳脚，老虎屁股摸不得。父母需要告知孩子，首先要做一个独立的人，有自己的想法和个性，如果每个人都一样，世界就显得过于单调。其次，要告诉孩子，很多事情都没有统一的标准，别人的意见只能代表别人，你可以作为借鉴和参考，但不能不加区别地全盘接受。

第十二章

好亲子：
慈严并用，构建和谐亲子关系

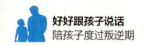
孩子觉得父母烦——不要总是唠叨

父母唠叨孩子，看起来是不断纠正孩子的行为，为了孩子变得更好，但是父母不知道的是，父母越唠叨，孩子越差劲。这里有一个关于美国著名小说家马克·吐温的故事：

有一次，马克·吐温听牧师的演讲，他深受感动，打算捐款聊表心意。

但是，10分钟过去了，牧师还没有讲完，马克·吐温有些不耐烦了。

又过了10分钟，牧师还是唠唠叨叨讲个没完，马克·吐温决定不捐钱了。

过了很长时间，牧师终于讲完了，马克·吐温的耐心被彻底消磨完，他不仅没捐钱，出于气愤还从盘子里拿走了2元。

这件事情就很好地验证了一个心理现象——超限效应。具体地说，刺激过多、过强或作用时间过久，越容易引起听者的不耐烦，甚至是逆反心理。因为，人接收信息，第一次听到最新的信息时，对大脑的刺激最大，产生的印象也最深。但是当内容反复出现的时候，大脑就会自动屏蔽、抵制这些内容。

生活中，总会遇到这样的场景，比如：早上，父母催孩子起床、洗脸、刷牙、吃饭、上学；晚上，父母催孩子写作业、吃饭、复习、睡觉……上学前，好心提醒孩子"今天有雨，记着带雨伞""要降温了，把羽绒服穿上"，最后多数得到的孩子的回答是"知道了，啰唆"。

如果让孩子们票选父母最令人讨厌的行为，"唠叨"一定会上榜。

一次，我去闺蜜家做客，真正见识到了父母唠叨孩子是什么样子。

我在闺蜜家待了一个小时，闺蜜一直都在不停地唠叨孩子："怎么不去写作业，整天就知道玩""玩完了，怎么不知道收拾？""昨天刚给你收拾完的床，现在又乱得跟猪窝一样"……

从一定意义上说，父母对孩子的唠叨，是一种不信任，且带有指责的意味，是父母不善于控制自己的情绪，将自己的期望和不满情绪发泄到孩子身上。长此以往，父母就会将自己的不信任传递给孩子，孩子就要承受父母的心理压力，变得不自信。孩子的负面情绪累积太多，他们的性格和人格的发展就容易受到影响。

话太多，就会将自己的话变成白色噪音，并不能让话进入孩子的头脑里。所以，父母平时要少说话，遇到重要情况，只要跟孩子谈一次，解决问题即可。

孩子进入叛逆期，都不喜欢父母啰唆，实在忍不住了，有些孩子甚至还会顶嘴。父母感到不解，自己辛苦带大的孩子，居然嫌自己唠叨，翅膀还没有长硬，就想飞了。其实，主要原因在于，孩子听多了重复的话，烦了；父母没看到孩子的成长，忽视了他们的感受。

总是唠叨孩子，带来的危害不容小觑。

亲子关系越来越差。叛逆期的孩子最讨厌父母的唠叨，一方要说，一方不愿听，时间长了，双方必然会爆发争吵。导致亲子之间很难沟通，关系也会变得越来越差。父母无法控制自己，亲子之间的矛盾就会越来越尖锐，彼此更会渐行渐远。

孩子越来越不听话。心理学上有个著名的"墨菲定律"，意思就是：你担心的事情，早晚都会发生。同样，在家庭教育问题上，也可以说成：你不让孩子做的事，他早晚都会做。只要留心观察，慢慢地就会发现，父母越唠叨，孩子反而越不听话。随着年龄的增长，孩子的独立意识会越来越强，父母经常唠叨，孩子会感到

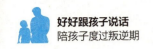
巨大的束缚，觉得自己不自由。叛逆期的孩子一旦觉得被束缚，就会反抗，继而变成父母眼中"不听话的孩子"。

孩子变得容易生病。父母唠叨的内容不外乎这样几个：孩子的学习、孩子的行为习惯、孩子不听话等。父母经常唠叨孩子，会带给孩子巨大的精神压力，对孩子的免疫功能造成负面影响，继而引发疾病。孩子长时间承受着巨大压力，不仅会伤害到他们的身体，还可能影响到他们的大脑。

叛逆期的孩子自我意识增强，自尊心强，想做独立的自己，即使知道自己有错，也不愿意主动低头，多半都会把责任推给别人。其实，只要孩子没有什么过激的言行，没有突然改变以往的生活习惯和交往人群，就不要过度唠叨，父母一定要尽量多与孩子沟通。

一、抓住教育时机

古人讲"天时地利人和"，对孩子的教育，时机非常重要。叛逆期的孩子思想还比较单纯，喜欢将自己的喜怒哀乐都表现在脸上，只有在高兴时，才会接受父母讲的道理。反之，如果他们不高兴，即使家长说得再起劲，他们也听不进去。

首先，要充分了解孩子的情绪现状，然后以此为依据，选择沟通时机。

其次，不能只顾自己唠叨，要让孩子辩解，让孩子将自己真实的想法表达出来。

尊重孩子是提高教育效果的前提，只有孩子觉得自己被尊重，他们才会接受父母的说教。

二、不要过度关注

如果你喊不动孩子，自己说了数百遍，孩子依然不听不改，首先就要反思一下自己是否对孩子控制太多，是否干预了孩子做的每一件事。如果你真是这样的父母，说明你的内心是焦虑的，控制欲太强，对孩子关注太多，太重视自己的意见。这些情况，是不利于良好亲子关系的建立的，因此父母要调整心态，多给孩子一点自主权。

成长，主动权依然掌握在孩子自己手中，要给他们创造机会，让他们去探索、去尝试、去试错、去思索。父母只要在他们身旁当好建议者即可，即鼓励他们独立做事、自己判断、自己选择、自己决定，把跟孩子有关的事情交给他们，在孩子真正需要你的意见和提醒时，给出原则性建议即可。

叛逆期的孩子需要时间去跟自己对话，也需要有自己的私密空间，整理自己的情绪。孩子生活与学习上的事，完全可以让孩子自由安排，父母要锻炼孩子的自主能力，不能大包大揽。

三、改变说教方式

多数家长之所以要唠叨孩子，就是希望孩子听到说教后，端正自己的言谈举止，只不过，多数唠叨不仅没有起到应有的作用，还对亲子关系造成了负面影响。

其实，教育孩子，不一定要用唠叨的方式。如果你的唠叨已经无法发挥作用，不妨试试其他方式。比如，给孩子写信或留言。很多时候，一些无法说出口的事情和感情，都可以用写信的方式告诉孩子；也可以用留言或发短信的方式。文字型的表达方式，不仅可以很好地表达自己的感情，还能避免尴尬，以免引起不必要的争端。

我要对你说

父母总是在孩子面前唠叨，重复的次数越多，孩子能够吸收和摄取的东西就越少，执行力也会变得越来越差。因此，如果想让孩子很好地完成某件事，听话一些，父母平时就应该语言简洁，且不再重复，这样效果反而会更好。

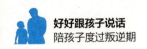
孩子总是和父母对着干——孩子都是顺毛驴，要顺毛刷

在育儿过程中，每个父母可能都会遇到类似情况。

让孩子写作业，他偏偏要再玩一会儿；

让孩子不看电视，他却当作耳旁风……

每天对孩子千叮咛万嘱咐，不准干这个，不许去那里，但孩子总是跟你作对，总是挑战你的权威。

很多父母觉得，孩子冒犯家长，就是不听话或调皮的表现。其实，当孩子和你"对着干"时，恰恰是教育的最佳时机。这时候，父母的态度如何，影响着孩子未来的发展。

在江苏曾发生过一件令人惋惜的事情：

一个14岁的男孩在家中与父母争吵不休，一时情绪激动，从楼上一跃而下。母亲看到这一幕，直接吓傻了，心痛到连哭的力气都没有了。其实，母子俩本没有大冲突，只是因为作业问题。

母亲看不得孩子不认真的学习态度，接受不了孩子成绩平平的现实，焦虑急躁，进而痛彻心扉。母亲一时情急把孩子的作业全部撕掉，还把孩子的手机狠狠地往地上一摔。孩子反抗，和母亲顶嘴，母子俩随即开始针锋相对。

母亲最后直接大骂："我上辈子作孽，生了你这种儿子，真不如当初掐死你，死了也不用气人了。"男孩也暴躁到极点，跑到窗户边跳下，还说了一句："你别后悔就行。"

一条鲜活的生命，就这样在母亲面前消失了。很多父母都认为叛逆、唱反调、不听话是孩子的问题，却很少有人审视自我。

孩子和父母作对，父母暴跳如雷，心生疑问："为何总跟自己对着干？"其实，这是孩子的独立意识、自我意识增强了，是孩子"成长"的表现。在性格方面，他们更有主见、更自信，更具有创新能力。打骂孩子，迅速把孩子打压得"瞧不起"自己，会让孩子早早失去锐气。孩子完全失去管控，与父母作对，父母就会感到焦急。

一、孩子与父母对着干是常态

叛逆期的孩子正经历着身体的快速成长、行为模式的改变和自我意识的构建，只需要经过几年的时间，就能完成身体各个方面的发育，达到成熟水平。他们身心健康，崇拜力量，但他们的心理发育却相对滞后，身心处在一个不平衡的状态中，很容易引发各种矛盾。

十多岁的孩子，父母年龄一般在四十岁左右，就是人们通常所说的"中年"。中年以前，人生的主要脉络是奋斗、拼搏，以及展望未来；中年之后，人们更看重的是稳定的收入、健康的身体和良好的家庭关系。

一边是接受新事物、观念更新快、思想开放、创造性强、敢于尝试、敢于冒险的叛逆孩子；一边是对新事物和新观念反应迟钝、不愿冒险、言行谨慎、处事沉稳的中年父母。双方一定会产生思想和行为的差异，这种差异很难调和，沟通渠道不畅，冲突就不可避免地发生。

这时候，孩子不再将父母所说的每句话当作权威，也不再认同父母所做的每一件事情，他们有自己的想法，不会盲目服从父母的命令，只会对父母的约束心存不满。如果父母无法在短时间内做出科学调整，依然采用老一套教育方式来管教孩子，就会在大人与孩子之间造成沟通障碍。

二、父母坚守底线，不要纵容孩子

叛逆期的孩子求知欲很强，具有一定的探索精神，思想活跃、兴趣广泛，喜欢

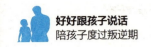

与众不同和独具一格；他们急于摆脱对父母、老师和教材的依赖，会对别人的观点、态度和意见做出审查，不会轻易接受别人的观点。

强烈的求知欲和探索精神确实能激发孩子的学习热情，提升孩子的思维能力，但由于认知和思维的局限，他们经常会被事物的个别特征和外部特征所迷惑，无法真正了解事物的本质，不能全面地、辩证地分析和解决问题；他们的思想容易偏激、行事容易极端，而这也是孩子不停地与父母对抗的另一个重要原因。

孩子对抗父母时，父母会使用很多方法，如果孩子不妥协，最后父母只能崩溃妥协。这时候，父母的妥协就是对孩子的纵容。因此，在教育孩子时，父母要坚守自己的底线：争取让孩子站在自己一边，然后告诉孩子为什么不行。

孩子在对抗父母、做错事时，父母要用温和的态度让孩子知道：父母说"不可以"时，是真的"不可以"。

这时候，父母要注意以下三点：

不要用嘲讽、侮辱的语言让孩子妥协，否则只会增强孩子的对抗心理；

父母告诫孩子后，不要再给孩子更多的关注，要给孩子提供独处的机会，让他们想明白道理；

父母态度要坚决，不要孩子撒个娇、哭几声、一顿不吃饭，就立刻妥协。

要让孩子知道，"对抗"毫无用处，经过两三次后，孩子就不再用这种行为来"获取关注和权利"了。

三、抛弃所谓的权威，与孩子做朋友

很多父母认为，孩子要绝对听从自己，这是父母应有的权威。他们喜欢命令孩子，甚至不分时间、场合地对孩子进行说教和批评。其实，父母的权威并不是通过强权得来的，而是通过与孩子的平等沟通，在得到孩子的尊重和信任后才慢慢具有的。父母只有放下身段，才能给自己带来真正的权威。

虽然父母和孩子在文化水平、眼界、认知能力和精神品质等方面存在很多差异，但并不影响父母和孩子建立良好的亲子关系，因为大家的目标是一致的，都是为了孩子（自己）健康成长。目标相同，就能产生合力，而父母和孩子剪不断的血缘纽带，都会让这个合力起到作用。

父母与孩子的冲突不只体现在学习上，还更多地体现在日常生活中。以穿衣为例，父母总是让孩子"多穿点，别着凉"，然而多数孩子根本不会听从父母的意见，甚至有些本准备多穿点衣服的孩子，听到父母反复这样说，也会不再多穿衣服。

父母将孩子当三岁孩子看，会剥夺他们企图跳出舒适圈的权利；反之，如果你能将部分自主权交给孩子，不做太多干涉，适当提点，孩子就能得到心理的满足，继而对默默支持自己的父母产生信赖感。

我要对你说

叛逆期的孩子渴望被尊重，不喜欢被控制，父母要给孩子足够的尊重，把孩子当成平等的个体。在亲子教育中，只有走进孩子的心里，与孩子产生共情，才会有好的教育结果。父母尊重孩子，孩子长大后也会尊重父母；父母喜欢压制和设计孩子的生活，孩子不但会失去快乐和自我发展的动力，还会对父母产生怨恨，从而事事对着干。

孩子和父母顶嘴——多鼓励，冷处理

顶嘴是孩子成长过程中必然会出现的一种行为，父母完全没必要将这件事看得太严重，因为这并不是十恶不赦的行为，反而应该将它当作孩子成长的一部分。

小棋现在上初三，杜女士发现，女儿越来难越管，现在和她说什么都不听，还顶嘴，她说一句，女儿有三句等着她。马上就要中考了，杜女士对小棋说，无论多忙，晚上不要太晚睡觉，因为身体要休整，太晚睡对身体不好，早点睡才可以保持精力，学习效果才会更好。可是小棋就是不听，吃完晚饭后，一会儿看电视，一会儿吃东西。

杜女士让她写作业，她说作业不多，等会儿半个小时就能完成。

杜女士让她洗漱，她说明早洗就行，反正今晚洗了，明早还得洗。

杜女士让她早点睡觉，她说睡不着，与其这样倒不如看会儿电视再睡。

杜女士看到女儿总是跟自己顶嘴，又气又恼，但也毫无办法。

杜女士很纳闷，明明自己有道理，孩子为什么不听？孩子小时候很听话，是个乖乖女，但大一些了，尤其上了初中，到了叛逆期，更热衷于跟自己顶嘴了，真是伤脑筋。

随着孩子一天天长大，很多父母都会渐渐觉得孩子不如以前听话，变得难管了，还动不动就与大人顶嘴，大人说东，他偏说西——似乎家长说的都是错的，他的想法才是对的。

孩子进入叛逆期的明显表现就是叛逆，会时不时地跟父母顶嘴。这时，孩子有一种很强的不服气心理，个性也比平时强很多，思想也要复杂一点，父母不顾是非曲直，责骂孩子，孩子就会顶嘴。

教育专家说："暴力只会教导暴力，焦虑教导焦虑，而和平则教导和平，爱教导爱。"其实，孩子顶嘴，并不是要挑战父母的权威，而是为了表达自己的思想。

一、了解孩子顶嘴的"潜台词"

潜台词一："我长大了，可以有自己的要求。"

比如，小男孩一再跟父母强调自己5岁，一直说玩具是他的，其实他是在暗示妈妈，自己已经长大了，自己的玩具由自己控制，不能强迫他去附和爸妈的决定。因为他们也对父母有新的"要求"：尊重他的想法，询问他的意见，把他当成大人看待。

出生于20世纪的我们，小时候什么事都听爸妈的，如今组建了自己的家庭，有了自己的孩子，为何还要把自己经历的不愉快让孩子们再经历一遍，岂不是又是一轮"循环"？允许孩子表达自己的意见，即使孩子的认识是错误的，也要在孩子说完后再进行指点，这样的沟通才是有效的。

潜台词二："希望爸妈以身作则。"

孩子顶嘴一般都有缘由，有时候就是因为自己爸妈的缘故。比如，吃饭时，本来孩子要看电视，爸爸却以耽误吃饭为由关掉了电视。结果下次吃饭时，爸爸却主动打开电视看。这样的"待遇"反差，会让孩子觉得不公平，下次一旦爸爸再关掉孩子看的电视，孩子必然会反抗。

给孩子提出高要求时，父母也要高要求地对待自己，让孩子更加信服。只要父母以身作则，孩子就会对父母的管教少了质疑，不会再进行反驳。

潜台词三："妈妈，快注意我。"

父母忙于工作，经常会忽略了对孩子的照顾，意识到孩子出错后，再去训斥孩子，孩子会更反感。其实，孩子之所以会进行如此强烈的反驳，就是在表达自己内

心的不满，毕竟父母太专注工作而忽视了自己的存在，让孩子没有安全感。为了在父母面前刷存在感，孩子就会跟父母顶嘴。

二、学会两句话，减少孩子的顶嘴

父母学会下面这两句话，孩子就能少顶嘴。

1."我知道你生气，但我们先冷静一下，等会儿再讨论。"

父母与孩子争吵，会让自己显得特别不成熟，因此为了让孩子承认错误，就不要一意孤行地凭借父母的权威去威吓他们。毕竟随着年龄增长，孩子也会有自己的思想，做事情不再凭借本能，已经有了动机和思考。

孩子开始顶嘴，说明他们的情绪已经十分激动，而作为成年人，更应该冷静下来。强迫孩子认错，只会让场面变得更加紧张，双方矛盾也会越来越尖锐，最终只会闹得不欢而散，孩子也不会再信任父母，更不会亲近父母。

2."不要轻易说我讨厌你，你要表达的是自己的不满和不开心。"

当孩子被激怒、情绪激动时，往往都很难控制住自己的语言和动作，除了顶嘴，只会用"我讨厌你（爸爸/妈妈）"来表达自己的愤怒或伤心。这种言语就像一把双刃剑，孩子一旦将这句话说出来，不仅自己会感到痛苦，父母也会觉得受伤害，如同心里被扎进一根刺。因此，在孩子说出这句话时，父母不能打骂孩子，应该提醒他们：不要轻易对父母说"讨厌你"。

三、冷处理，多鼓励

叛逆期的孩子之所以会顶嘴，多半是因为平时得不到父母的关注，得不到父母的爱，为了让父母将注意力放到自己身上，他们就会跟父母顶嘴。要知道，大人对孩子的反驳，本身就是在寻求关注，而平时得不到关注的孩子，更愿意用这种方式去赢得大人的关注。

对于孩子的顶嘴行为，父母只要装作没看见，孩子自然就不会顶嘴了。但是，只对孩子的顶嘴行为进行冷处理，孩子就会觉得父母不爱自己、不关心自己、不理自己，感到无助和沮丧。因此，在冷处理孩子的顶嘴行为时，父母要对孩子身上好的方面或表现给予赞美和鼓励，与孩子进行情感交流，满足孩子内心的需要。

我 要 对 你 说

　　叛逆期的孩子开始独立思考，但由于经验有限，他们可能不能很好地思考，思想上就会有很多矛盾的地方，这时候，父母可以给孩子顶嘴的权利，同时帮助孩子树立正确的是非观念。面对孩子的顶嘴，父母应该宽容，不能为了面子而忽视孩子的"委屈"和"困难"，伤害孩子的自尊。其次，要耐心倾听，真诚地回应孩子的不满，及时做出分析，不要武断地判定这是大逆不道的行为。

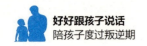
孩子和父母讲条件——支持孩子的思维独立

父母的需求是孩子谈条件的筹码。父母总是跟孩子说："去把自己的书桌收拾一下""给我好好练画画"……孩子就会觉得自己做事是为了满足父母，然后就会拿条件来"要挟"父母，比如：

> 你不给我吃冰激凌，我就不写作业；
> 下午带我出去玩，否则我就不吃饭；
> 让我看一个小时电视，我就愿意练琴；
> …………

父母要淡化对孩子的期待，比如，孩子不写作业，不要表现得比他们还急，要让孩子明白那是他自己的事情，可以不写，但会被老师批评或早上匆匆忙忙补，最终还要为自己不写作业的行为负责。只要孩子意识到哪些事情是自己的事情、是自己必须做的，不听父母的话吃亏的是自己，就会树立起个人责任意识，不再和父母讲条件。

生活中，很多父母都遇到过孩子跟自己讲条件的情况，可是这次满足了，下次孩子可能还会这样，甚至还会得寸进尺；而不满足孩子，孩子可能就真的不去做。

孩子进入叛逆期，不再像小学阶段那样容易接受管教，尤其是在学习方面，总会跟父母讲条件。这时候，脾气急躁的父母就容易对孩子发火，这样不仅不能让孩子按要求去完成学习任务，反而会闹得不愉快。看到孩子的成绩无法提高，父母会更担心。而即使父母感到无奈，孩子也会完全无视父母的焦虑，依然我行我素。

一、制定标准

如果孩子喜欢跟父母在学习方面讲条件，父母千万不要随口附和孩子，否则，就会陷入一个怪圈，即父母越想反驳孩子，孩子越会变着花样对付你。这时候，其实只要制定标准，孩子就会完全就范。

所谓的制定标准，就是将跟孩子的生活与学习等有关的每件事，通过家庭会议的方式，制定统一的标准。需要注意的是，这不是给孩子一个人专门制定的，而是全家人都应遵守的。

二、坚持原则

很多父母没有原则，求着孩子学习，甚至担心孩子出现危险行为，会不断地迁就孩子，使孩子无底线地和父母讲条件。实践证明，只要父母坚持原则，并坚持每周或半个月召开一次家庭会议，孩子都会慢慢改变。

父母只有坚持育儿原则，认真落实自己的管教职责，并率先垂范，才能建立合理的生活秩序。

鹏鹏是一名初二男生，从初一开始，父母就发现他总爱在学习上讲条件。

在学习家庭教育知识的过程中，他们就发现自己在管教方面犯了忌讳，那就是总爱和孩子讲条件。当他们发现自己身上的问题后，就把制定规则放在首位，接着建立起家庭会议制度，父母坚持原则在先，鼓励孩子参与家庭事务管理。

之后，他们发现孩子不像原来那样总是一门心思放在玩上面。家庭责任感的提升竟然是因为孩子参与了家务事，能够帮助父母去分担。鹏鹏经常被父母肯定与表扬，家庭亲情日渐浓厚，家庭氛围日渐温馨。

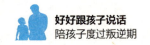
三、让孩子选择

要想让孩子端正生活与学习态度，提高时间管理的意识，提高自控力，可以应用选择法，赋予孩子在家庭生活中做事的选择权。对于自己的选择，孩子多半都不会再跟父母讲条件，即使选错了，他们也只能自己承受。

小雨是一个初三男生，在进入初一后，妈妈发现儿子总是跟自己讲条件，就如刺猬一般。比如，让他少玩手机，他就会问，少玩手机，有什么奖励？让他多吃点青菜，他就会说，可以多吃青菜，但要出去玩半小时。让他自己洗衣服，他则会问，我自己洗衣服，给你减少了劳动量，你给我多少钱？

看到儿子如此，妈妈非常焦虑。

为了解决这个问题，妈妈想了一个办法，就是让孩子二选一或三选一，比如：为了让孩子自己洗衣服，妈妈会问儿子：你是想洗衣服，还是想刷碗……儿子不喜欢刷碗，多半都会选择洗衣服。因为这是他自己的选择，所以他多半也不会跟妈妈讲条件。

让孩子从多个选项中做选择，他们做事的主动性就会提高，更不会跟父母讲条件了。

我要对你说

孩子主动跟大人讲条件，最好的办法是不接招。父母千万不要在孩子一提条件时就立刻答应，更不要对孩子降低要求，最好的办法就是拒绝孩子，比如："妈妈，我×点之前做完作业，能看会儿电视吗？"这时，就拒绝孩子："不可以，咱们之前已经说好了，只有周末才能看电视。"孩子看到大人不接招，也就只能接受了。其实，有时候孩子提出条件时，只是想试探一下父母的底线，看看能不能突破而已，所以父母一定要坚持自己的原则。